Heinrich Klotz

Die Entdeckung von Çatal Höyük

Heinrich Klotz

Die Entdeckung von Çatal Höyük

Der archäologische Jahrhundertfund

Mit zahlreichen Computeranimationen

Verlag C.H.Beck München

Mit 68 Abbildungen, davon 35 in Farbe

Die Deutsche Bibliothek – CIP-Einheitsaufnahme

Klotz, Heinrich:
Die Entdeckung von Çatal Höyük : der archäologische Jahrhundertfund / Heinrich Klotz. – München : Beck, 1997
ISBN 3-406-43209-3

ISBN 3 406 43209 3

1. Nachdruck. 1998
Umschlagabbildung Vorderseite: Teilrekonstruktion der Ausgrabung Çatal Höyük
Umschlagentwurf: Uwe Göbel, München

Gesamtherstellung: Kösel, Kempten
Gedruckt auf säurefreiem, alterungsbeständigem Papier
(hergestellt aus chlorfrei gebleichtem Zellstoff)
Printed in Germany

Inhalt

Vorwort

Mein besonderes Interesse für Çatal Höyük rührt her von der Verwunderung darüber, daß eine sensationshungrige Zeit die archäologische Sensation Çatal Höyük nur im Nebenbei wahrgenommen hat. Eigentlich ist diese steinzeitliche Stadt noch immer nicht entdeckt. Sie ist kaum in unser Bewußtsein eingedrungen und hat unsere Vorstellung vom Ursprung der Stadt und der Kultur kaum beeinflußt.

Als eine der ersten Arbeiten des Zentrums für Kunst und Medientechnologie Karlsruhe haben wir es unternommen, mit den heutigen Mitteln der digitalen Bildbearbeitung Rekonstruktionen der Ausgrabungsergebnisse herzustellen, woraus sich sehr bald ein größeres Studienprogramm der Filmabteilung der Hochschule für Gestaltung Karlsruhe entwickelte.

Das Karlsruher Team ist Partner des Archäologischen Instituts der Cambridge University, England, und hat die Aufgabe der archäologischen Dokumentation und Rekonstruktion von Çatal Höyük übernommen. Diese Zusammenarbeit ist begrüßenswert, da auf dem Weg der Arbeitsteilung auch im Bereich der Weiterbearbeitung der Grabungsergebnisse neue Formen der Informationsvermittlung getestet werden können. Die Europäische Union hat dankenswerterweise die Förderungswürdigkeit des Çatal Höyük-Projekts anerkannt. Neben den Computerrekonstruktionen ist in der Hochschule für Gestaltung Karlsruhe ein 45minütiger Dokumentarfilm entstanden, der die Grabung zum Thema hat.

Dank schulden wir besonders James Mellaart und Ian Hodder sowie den Mitgliedern des Grabungsteams der Cambridge University, die für unsere Neugierde und für unser Nachfragen viel Verständnis aufbrachten. Ich möchte sowohl Lothar Spree als auch Martin Emele, Karlsruhe, danken, die mit nicht nachlassendem Engagement die Grabungsergebnisse weiterverfolgen und das Dokumentations- und Studienprojekt betreuen. Auch einige Studenten der Hochschule für Gestaltung Karlsruhe haben sich an der Erarbeitung der Rekonstruktionen und der Fotodokumentation intensiv beteiligt. Viele Fotos und einige der Rekonstruktionsanimationen stammen von Burkhard Detzler, Karlsruhe; die überwiegende Zahl der farbigen Rekonstruktionsansichten schuf der Verfasser in Zusammenarbeit mit Monique Mulder, Amsterdam, die es verstanden hat, den sonst so nüchternen Bestandsaufnahmen Atmosphäre zu verleihen.

Die Animationen wurden hergestellt auf Silicon Graphics 3 D 35 mit der Software Softimage.

I. Stationen vorweg

Homo mundialis

Zu den großen Leistungen des 20. Jahrhunderts gehören die Funde der Archäologie, die unser Bild von der Frühgeschichte des Menschen und dem Entstehen seiner Kultur auf nicht nur beiläufige Weise verändert haben.

Einer der bedeutendsten Fundorte der Archäologie ist die steinzeitliche Stadt Çatal Höyük in Anatolien (Taf. 1, 2), die unsere historische Orientierung in eine neue Richtung lenkt. Çatal Höyük ist ein exemplarischer Ort, der uns wie kaum ein anderer die Frühgeschichte der Stadt und damit einen entscheidenden Schritt in der Entstehungsgeschichte der menschlichen Kultur überhaupt erklären kann. Vor dem Hintergrund einer Reihe anderer Ausgrabungsfunde der Jahre nach 1945 ergibt sich von hier aus ein erregend neuer Überblick über die Ur- und Vorgeschichte seit Anbeginn der Menschheit. Je mehr wir über diese Entwicklungen erfahren, desto häufiger müssen wir uns fragen, ob unser europäisches Selbstverständnis als Sproß der beispielgebenden abendländischen Kulturen, des antiken Athen und des alten Rom, noch genügend Erklärungsmodelle abgibt für die Geschichte des Menschen und unsere heutige kulturelle Existenz. Es scheint, daß inzwischen die Decke zu kurz geworden ist.

Seit der Renaissance haben wir neben der christlichen Religion weitere abstützende Programme hervorgebracht: neue Mythen, Religionen und Ideologien. Keines dieser Programme kann Schritt halten mit unserem heutigen Wissen über die Herkunft des Menschen und über die Entstehung seiner Kultur. Die Archäologie, die Wissenschaft vom Altertum, ist zu einer revolutionären Wissenschaft geworden; sie hat unser Geschichts- und Kulturverständnis umgestürzt. Mit der Ausweitung und Vertiefung des Blicks auf unsere Herkunft haben sich unsere kulturellen Berufungsinstanzen fragmentiert und zu einem Teil sogar erledigt. Das gilt auch für die vorbildgebende Kultur der Neuzeit, die Renaissance, die selbst wieder in der römischen Antike ihr Leitbild fand.

Heute stehen wir vor einem neuen Horizont der Geschichte, vor einer Landschaft archäologischer Herausforderungen, und wir finden erstaunlich direkte und authentische Antworten auf die elementaren Fragen, was der Mensch sei und was seine geschichtlichen Inkarnationen uns bedeuten können.

Zugleich bleibt die Frage zu stellen, für wen diese Funde exemplarisch sind. Für welchen Menschen suchen wir das Beispielhafte? Die Antworten geben die Funde selbst. Sie sind nicht dazu angetan, das Selbstbewußtsein des Europäers allein zu stärken.

Die Entzauberung des Europäers hat eingesetzt mit der Erkenntnis, daß die ersten Menschen Afrikaner, also wohl Schwarze waren. Die Funde in Ostafrika vor wenigen Jahren haben dies erwiesen. Sowohl die entfernten Vorläufer des Menschen als auch der unmittelbare Vorläufer des Homo sapiens, der Homo erectus, stammen aus Afrika und haben sich Schritt für Schritt über die Welt, auch nach Europa, verbreitet.

Eine zweite epochal neue Einsicht haben wir aus einer Ausgrabung gewonnen, die wiederum auf europäischen Boden zurückführt, an die Gestade des Mittelmeers bei Nizza. Wir haben erfahren, daß die Grundlagen der Kultur nicht erst durch den Homo sapiens geschaffen wurden, sondern bereits durch seinen Vorgänger, den Homo erectus, der in Zeiten, die bisher außerhalb unserer Erwartungen lagen, 400000 v. Chr., bereits große Wohnhütten errichtete und wohl auch eine Art Clangesellschaft bildete.

Eine entscheidende Blickveränderung erbrachte die Erkenntnis, daß der große Umbruch in der Vorgeschichte, die Anfänge des Ackerbaus und der Viehzucht, nicht in den Tälern des Zweistromlands und in Ägypten, also den späteren kulturellen Zentren der Frühgeschichte, vonstatten ging, sondern an den Berghängen Kleinasiens und in der Hochebene Anatoliens. Der bedeutendste kulturelle Einschnitt für die frühgeschichtliche Menschheit, die sogenannte neolithische Revolution, war somit abgekoppelt von der großen Macht- und Kulturgeschichte der späteren Hochkulturen. Auch das bedeutete so etwas wie den Verlust einer Heldengeschichte von Dominanz-Kulturen.

Die großen Geschehnisse der jüngeren Vorgeschichte, die Begründung der ersten Städte und städtischer Kulturen, waren eine Angelegenheit von Völkern in Vorderasien und der heutigen Türkei. Palästina mit der ersten Stadt Jericho und Anatolien mit der ersten ausgeprägten städtischen Kultur, Çatal Höyük, sind die neuen exemplarischen Orte einer Ursprungsgeschichte der Zivilisation.

Der Europäer ist also überwiegend auf die Welt nahe oder außerhalb Europas verwiesen, will er die fundamentalen Ereignisse der neueren Vorgeschichte – und damit sich selbst – verstehen. Gezwungenermaßen wird also jedermann, der nach seiner Herkunft fragt, den Blick nicht mehr nur auf Rom und Griechenland richten, sondern er wird zu einem Weltbürger werden müssen, zum Homo mundialis. Er findet die exemplarischen Orte seines Selbstverständnisses überall auf der Welt und zu allen Zeiten der Menschheitsentwicklung. Auch die kulturelle Ortsbestimmung drängt also nach einer Globalisierung, besser: Mundialisierung in Raum und Zeit.

Der Faustkeil

Suchen wir die beispielhaften Situationen der menschlichen Vorgeschichte, so erscheint am Horizont der Jahrtausende ein Mensch, der die Fähigkeiten zum Erhalt unserer Existenz in den Grundzügen bereits entwickelt hat: Homo erectus, der aufrecht Gehende. Schon er hatte Fähigkeiten erworben, die zu Eingriffen in die Natur führten und mit deren Hilfe er seine Lebensweise zunehmend nach seinen eigenen Wünschen zu gestalten verstand.

Homo erectus besaß nicht nur das Feuer, er konnte es eigenmächtig hervorrufen. Während in den Jahrmillionen der Menschwerdung irgendein menschenähnliches Wesen zu begreifen begann, daß ein brennender Ast eines vom Blitz getroffenen Baumes dazu taugte, Feuer zu übertragen und es in Brand zu halten, war Homo erectus in der Lage, mit trockenem Gras, einem Stück Holz und einem Stein Feuer zu machen. Diese Feuertechnik war eine der ersten Erfindungen des Menschen der Zeit um 800000 v. Chr. Es war eine intellektuelle Leistung und setzte ein erfindungsreiches Individuum oder eine Gruppe von Menschen voraus, die das Feuermachen erdacht, genauer gesagt, aus bestimmten Erfahrungen Schlüsse gezogen hatte. Wenn zwei Materialien kräftig aneinander gerieben werden, können sie sich stark erhitzen. War es möglich, aneinander sich reibende Materialien so sehr zu erhitzen, daß sie nicht nur rauchten, sondern sogar in Brand gerieten? Und gab es entsprechende Materialien, die dieses Ziel begünstigten?

Die Technik des Feuermachens enthält eine Reihe von assoziativen Schlüssen, die sich nicht einfach von selbst ergaben. Sie konnte sich nicht in einzelnen Schritten entwickeln, sondern alle Schritte mußten gleichzeitig vollzogen und aufeinander abgestimmt werden. Das Feuermachen war ein Schöpfungsakt des Homo erectus. Mit diesen und anderen «Erfindungen»

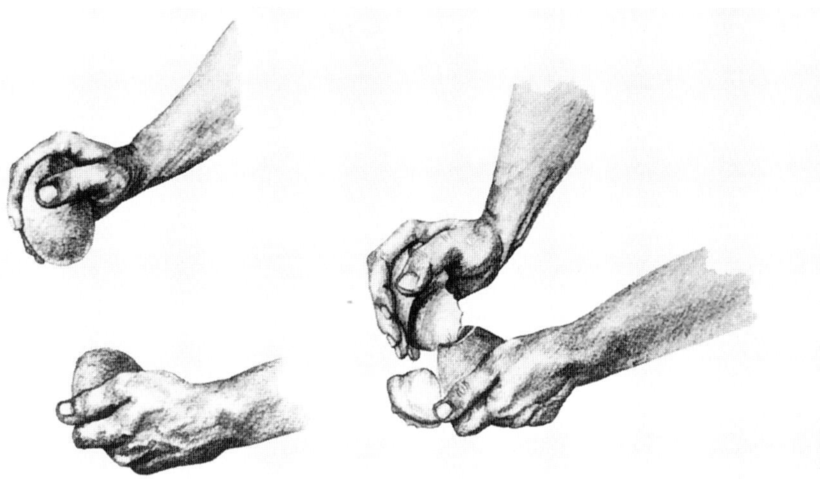

1 Herstellung eines Steinwerkzeugs,
Zeichnung von Alain Fournier

2 Steinwerkzeug, sog. Chopper, um 400 000 v. Chr.,
Museum Terra Amata, Nizza

3 Kleiner, spitz zulaufender Schaber, Vorder- und Rückseite,
Museum Terra Amata, Nizza

begann der Mensch, seine Umwelt zu gestalten. Es entstand Kultur.

Wir konzentrieren den Blick auf eine Einzelheit, welche die Kultur der ersten Menschen geprägt hat und durch die diese überhaupt kenntlich wird, den Faustkeil (Abb. 1). Damit wenden wir den Blick weit zurück in die Vorgeschichte der Menschheit, ja, bis zu jenen Geschöpfen, die von vielen Forschern als Vor-Menschen angesehen werden, den Australopitheciden Ostafrikas.

Noch bevor die Vorfahren des Homo sapiens wußten, wie sie Feuer machen konnten, kannten sie bereits Werkzeuge. Als Mary und Louis Leakey im Jahr 1959 in der Olduwai-Schlucht in Tansania den Schädel des Australopithecus Boisei fanden und damit zum ersten Mal eine Datierung der Vor-Menschen zuverlässig möglich machten, hatten sie sich an Steinwerkzeugen orientiert, die an der Oberfläche des Fundorts umherlagen und auf die Existenz eines Ur- oder Vor-Menschen schließen ließen. Die Werkzeuge und der dann auch aufgefundene Urmensch waren etwa 1,75 Millionen Jahre alt. Andere Funde bestätigten, daß es Werkzeuge seit etwa 2,5 Millionen Jahren gab.

Einige Forscher haben, anknüpfend an die Thesen von Sherwood L. Washburn, sogar die Menschwerdung auf den Gebrauch von Werkzeugen zurückgeführt. Im Unterschied zu Schimpansen, die auch in der Lage sind, vorgefundene Werkzeuge anzuwenden, seien die Australopitheciden dazu übergegangen, Werkzeuge mit sich zu führen, also besonders geeignete, geschärfte Steine nach Gebrauch nicht fortzuwerfen, sondern sie zu behalten. Sie in der Hand zu halten, habe wiederum dazu geführt, sich auf die Füße zu erheben, biped zu werden und längere Strecken aufrecht zu gehen. Im Unterschied zu den Menschenaffen hatten die Australopitheciden keine ausgeprägten Eckzähne, die als Waffe hätten dienen können. Das Werkzeug als Waffe trat an die Stelle der naturgegebenen Waffe – ein Stein wurde zum Schutz bereitgehalten und deshalb ständig mitgeführt. Mit einem solchen Stein in der Hand wurde der Australopithecus nicht nur zum Beherrscher seiner Umwelt, sondern zum «Homo habilis», eben zum Menschen, zu einem «geschickten» Menschen.

Wie immer die Menschwerdung erklärt werden mag, fest steht doch, daß die Benutzung von Werkzeugen mit diesem Prozeß einherging. Es ist vielsagend genug, zu dem Schluß zu kommen, daß die Anwendung eines Werkzeugs, womöglich gar die Herstellung eines Artefakts und damit eines ersten Zivilisationsguts ursächlich sein könnte für die Menschwerdung; zumindest stehen beide Vorgänge, der Gebrauch von Werkzeugen und die Menschwerdung, in einem engen Zusammenhang. Der Mensch wird nur Mensch als Kulturträger. Die paläoanthropologische Definition des menschlichen Wesens liegt also nicht in der Tatsache seiner Sprachfähigkeit («am Anfang war das Wort»), sondern in der Herstellung und Benutzung eines Werkzeugs: Homo habilis, nicht Homo sapiens.

Früheste Werkzeuge dieser Art sind Geröllsteine mit abgeschlagenen Rändern, mit scharfen Kanten und Spitzen (Abb. 2, 3). Die andere Seite des gerundeten Geröllsteins blieb unbearbeitet und liegt rund und glatt in der Hand. Diese einfachste denkbare Form eines effizienten Werkzeugs hat sich Jahrhunderttausende lang nicht verändert.

Aber ein Faustkeil war nicht nur ein zugerichteter Stein, er war auf seine Art etwas Perfekteres. Er war ein durchfunktionalisierter Gebrauchsgegenstand, zudem ebenmäßig bearbeitet; er hatte als wichtigstes Artefakt aus der Frühzeit des Menschen mit der Kultur des Homo erectus eine kaum noch verbesserbare Form erreicht. So blieb dieses Werkzeug durch die kommenden Jahrhunderttausende gültig – und auch der Homo sapiens hat in den ersten Jahrtausenden seiner Existenz nichts Besseres erfunden. Die Zeit in ihrer Unermeßlichkeit ist uns nur als historische Zeit begreifbar. Aber die 2,5 Millionen Jahre währende Geschichte des Faustkeils und seiner Vorläufer geht über unsere Begriffe. Wie kann ein vom Menschen geschaffenes Produkt über Jahrhunderttausende fast unverändert bestehen bleiben und dennoch einer vom Menschen bewirkten Geschichte, nicht einer Naturgeschichte angehören?

Mit dem Faustkeil beginnt die Entwicklung der Artefakte – der Werkzeuge und Waffen. Dieses ebenmäßig behauene Objekt ist das erste historisch überlieferte und gegenständlich faßbare Kulturprodukt. Mit ihm beginnt die Geschichte der vom Menschen geschaffenen Formen, ihrer Nutzanwendung und ihrer Verfeinerung.

Die ersten bearbeiteten Steine enthielten noch ihre vorgegebene, natürliche Grundform. Die perfektionierten Faustkeile des Homo erectus lassen hingegen nicht mehr ihre Naturform, ihren Fundstück-Charakter, erkennen. Es obsiegt die Bearbeitung und die Künstlichkeit der Form. Zweierlei muß hier durch die Funktionalität gewährleistet sein: ein Faustkeil muß fest in der Hand liegen, sich den Handflächen einschmiegen, um sie beim Zuschlagen nicht zu verletzen; und er muß an seinem anderen Ende genügend Spitze und Schärfe besitzen, um wirksam zu sein. Der bearbeitete Stein enthält so eine Doppelfunktion, woraus er seine Form bezieht. Wir erkennen an ihm seine Künstlichkeit, seine Ebenmäßigkeit und seine Symmetrie, die auf die menschliche Gestaltungsintensität verweisen. Wir können sogar diese Form als schön bezeichnen und müßten bestätigt sehen, was dem Funktionalismus der Moderne als Lehrsatz gegolten hat: eine Form, die konsequent ihrer Nützlichkeit dient, müsse auch schön sein. Wenn sich aus der Funktionsästhetik der Moderne auch nicht alle gestaltete Form erklären läßt und deren Verallgemeinerung zum Dogmatismus führt, so läßt sie sich doch auf den ersten, vom Menschen geschaffenen Gegenstand anwenden. Die Künstlichkeit des Faustkeils ist auch Kunst und seine Funktionalität ist auch Schönheit.

Das Haus

Eine der bedeutendsten archäologischen Ausgrabungen der vergangenen Jahre brachte einen großen Siedlungsort des Homo erectus ans Tageslicht. Was zum Vorschein kam, waren nicht allein Skelettreste des Menschen, sondern seine Kultur: sein Haus, seine Eßgewohnheiten, die Form seines Zusammenlebens. Die Ausgrabung in Nizza an der Küste des Mittelmeers, heute von einem Museum geschützt, ist ein exemplarischer Ort. Er bezeugt die menschliche Situation der Zeit um 400000 v. Chr.

Wenn wir nach dem ersten Haus des Menschen fragen, so stellen wir uns einfache Gefüge vor. Adams Hütte könnte eine Laubhütte gewesen sein. In der Tat gibt es – etwa bei brasilianischen Naturvölkern – simple Wetterdächer, die aus großen, schräg gestellten Laubblättern bestehen, unter denen ein Mensch Zuflucht findet. Die ersten Häuser des Menschen, die wir kennen, waren aber keine von ihm selbst geschaffenen Konstruktionen. Es waren Höhlen und Höhleneingänge, Felsüberhänge, und sie wurden trotz allen Hausbaus weiter genutzt bis etwa in das 8. Jahrtausend. Seßhaftigkeit machte uns dann endgültig zu Hausbewohnern. Doch schon der Homo erectus baute Häuser (Abb. 4). Der Siedlungsplatz bei Nizza gab zur großen Überraschung den Grundriß einer Hütte frei; auf unterschiedlichen Grabungsniveaus sogar mehrere, 27 insgesamt. Es waren Hütten recht einfacher Konstruktion, doch keine Laubhütten. Homo erectus baute Häuser für einen ganzen Clan, Dächer für etwa 20 bis 25 Menschen. Ihr Entstehungsdatum aus der Zeit um 400000 v. Chr. erscheint fast unglaubwürdig, was wiederum als eine Bestätigung dafür gelten muß, wie menschlich dieser Urmensch schon war. Homo erectus, nicht erst Homo sapiens, baute seine Unterkunft als ein Werk seiner Hände. Er setzte sich damit über das in der Natur Vorgefundene, die Höhle, hinweg und machte sich

4 Asthütte des Homo erectus, Rekonstruktion, Museum Terra Amata, Nizza

unabhängig, baute sein Haus, wo immer er wollte, und konnte es auf seinen Jagdwanderschaften auch jederzeit zurücklassen und anderswo neu errichten.

Die Hütte des Homo erectus bestand aus langen, schräg gestellten Ästen, dicht nebeneinander gefügt. Sie stützten sich gegenseitig an den oberen Enden ab, so daß ein Satteldach entstand, das unmittelbar auf den Boden gesetzt war. Astgabeln mit einem First, der die zueinander geneigten Äste hätte am Dachspitz zusammenhalten können, fanden die Ausgräber nicht. Gegen den Schub hatte Homo erectus ein einfaches Mittel angewendet: Er hat Steine bis an den Fuß des Dachs herangerollt und nutzte sie als Widerlager gegen das Ausgleiten der schräg aufsteigenden Äste. Wahrscheinlich lagen Felle auf der Schräge oder auch Laubwerk.

Das Ganze war eine Großkonstruktion von etwa 17 Meter Länge, ein Dach, unter dem die Bewohner aufrecht stehen konnten und das Leben eines Clans oder einer Großfamilie führten. Es gab einen festen Ort für die Feuerstelle, die deutlich mit Steinen ausgegrenzt war, und es gab einen festen Ort für die Essenszubereitung, wo sich Speisereste fanden. Es gab den Ort für eine Werkstatt, wo die Ausgräber auf Reste der Steinbearbeitung stießen; sie fanden eine Art Werkbank, einen steinernen Untersatz, auf dem eine Fülle von Schnittspuren und Abschlagstellen zu erkennen war. Die Schlafplätze hatten mit den Fellabdrücken um die zentrale Feuerstelle herum ihre Spuren hinterlassen. Das Haus war also in feste Funktionsbereiche aufgeteilt. Die Tätigkeiten gingen nicht durcheinander; es herrschte eine Ordnung des Tuns. Homo erectus wußte sich zu organisieren, wie überhaupt zu erwarten stünde, daß er mit der Ordnung seines Hauses auch eine soziale Ordnung errichtet hatte. Wie sie ausgesehen hat, wissen wir nicht. Regierten die Männer, die sich als Jagdhorde zusammengetan hatten, oder regierten die Frauen, die als Matriarchat die Gruppe zusammenhielten? Oder war das Verhältnis zwischen Frau und Mann ausgeglichen? Gab es ein Hordenoberhaupt, das einsame Beschlüsse faßte, oder gab es beratschlagende Zusammenkünfte, auf denen die Entscheidungen gemeinsam getroffen wurden?

Die erste uns bekannte Wohnstätte des Menschen war kein Dach für einen einzelnen oder eine Kleinfamilie, sondern Siedlungsort für einen ganzen Clan. Eine menschliche Gesellschaft, die als mobile Jagdhorde zusammenlebte und mehrere Kleinfamilien umfaßte, die womöglich nicht einmal in einer Verwandtschaftsbeziehung standen, bildete das soziale Gefüge, das unter dem großen Dach vereint war. Das erste uns bekannte Haus des Menschen war also kein Einfamilienhaus.

Wie aber die Jagd in dieser Frühzeit vor sich ging, ist nur spekulativ zu ermitteln. Pfeil und Bogen gab es nicht, wohl aber hölzerne Speere. Die ersten gekerbten Pfeilspitzen, die auf einen Gebrauch von Pfeil und Bogen schließen lassen, stammen aus dem 9. Jahrtausend v. Chr. und wurden in der untersten Schicht, in der protoneolithischen Ausgrabungsschicht Jerichos gefunden. Dort taucht auch zum ersten Mal vulkanisches Glas auf, das in der Umgebung von Jericho selbst nicht vorkommt. Es stammt aus Anatolien. Wir können daraus schließen, daß wahrscheinlich bereits um 8300 v. Chr. ein Handel mit diesem anatolischem Obsidian, also ein Warenaustausch zwischen Jericho und der anatolischen Hochebene – möglicherweise mit Çatal Höyük –, stattfand. Mit dem Handel wendet sich der Blick ab von den nur lokalen Gegebenheiten, die Perspektive des Menschen öffnete sich.

Jericho

Eine erste, als Stadt bekannte Siedlung entstand inmitten einer unwirtlichen Landschaft; sie entwickelte sich aus einer kleinen Ansiedlung an einem Quellheiligtum,

5 Mauerrest eines Befestigungsturms von Jericho, um 8000 v. Chr.

das im 9. Jahrtausend v. Chr. gegründet worden war. Es war das Wasser in der Wüste, der heilige Ort, der zur Niederlassung ermutigt hatte. Doch es waren nicht Ackerbauern und Viehzüchter, die hier auf Dauer Fuß faßten, sondern wahrscheinlich Händler, Obsidian-Händler, also wohl sogar Fernhändler, die sich in dieser Oase einen Stützpunkt schufen. Vielleicht war der Ort Jericho im Protoneolithikum eine Karawanenstation.

Wenn wir Jericho als Stadt bezeichnen und in ihr überhaupt die erste uns bekannte Stadt der Menschheit erkennen, so liegt das nicht an einer zu vermutenden großen Zahl von Bewohnern, sondern an einem Typus öffentlicher Bauten, der bis ins europäische Mittelalter Ausweis einer Stadt war: Mauer und Befestigungsturm (Abb. 5).

Ohne jegliche Vorbereitung und als eine historische Überraschung par excellence stehen wir vor monumentaler Architektur, die aus dem 8. Jahrtausend v. Chr. stammt. Weit und breit gibt es keinen Vergleich. Jericho steht als einzigartiges Siedlungsgebilde vor uns, das nur durch seine Sonderfunktion als Handelsstützpunkt in der Wüste zu erklären ist.

Sollte es also Jericho gewesen sein, wo die Stadtbefestigung erfunden wurde? Daß die Stadt noch in späteren Jahrtausenden wegen ihrer Mauern geradezu legendär war, erfahren wir nicht zuletzt aus der Bibel. Sprechen wir von einer ersten Stadtbefestigung, denkt man vielleicht an frühe Versuche einer Mauerumwallung, die nicht allzu monumental ausgefallen sei. Das Gegenteil trifft zu: die Mauer mit ihrem Turm muß den Vergleich mit allen späteren Verteidigungsbauten nicht scheuen. Sie hat beachtliche Dimensionen; und auch der Wehrturm erreicht mit seinem kompakten Steinkörper monumentale Abmessungen. Beide sind erste öffentliche Bauten, Werke für die städtische Gesamtgesellschaft.

Daraus ergibt sich sogleich ein Dutzend Fragen. Etwa: Wer hat die Befestigung gebaut? Waren es die Bewohner der Stadt oder Sklaven, Gefangene? Wer waren die zu befürchtenden Feinde? Hat es bereits größere Kriegergruppen oder Belagerungen gegeben? Man muß versuchen, sich vorzustellen, was es bedeutet hat, daß inmitten einer in Bewegung befindlichen, die Siedlungsorte häufig wechselnden Jäger- und Sammlergesellschaft ein solches städtisches Bollwerk errichtet wurde und damit ein geradezu verwegenes Zeichen des Beharrens und der Dauer. Wir wollen annehmen, daß diese im Umbruch befindliche Gesellschaft, die bereits Getreide anzubauen begann, nicht länger ein ganz nomadisches Leben geführt hat, sondern schon erste Schritte zur Seßhaftigkeit getan hatte.

Dennoch mußten die Mauern von Jericho wie eine an Unwirklichkeit grenzende Erscheinung wirken, ein Fanal des Fußfassens inmitten von weitgehend fluiden, auf Mobilität beruhenden Gesellschaften, die hier konfrontiert wurden mit dem Neuen. Es ist, als sollte sogleich mit der beginnenden Seßhaftigkeit ein Exemplum statuiert werden, was immer die Gründe dazu waren. Mit Mauer und Turm sind die Bauwerke städtischer Beharrung geschaffen worden, Bautypen, die fortan etwa 10000 Jahre bis in das 15. Jahrhundert n. Chr., bis zur Erfindung des Schießpulvers, Gültigkeit behalten sollten.

Es kam noch eine die Stadt versorgende Wasserleitung hinzu, eine Art Aquädukt, der, wie Mauer und Turm, von der Stadtgemeinde unterhalten werden mußte. Es war dieses Wasser, das die Möglichkeit einer ersten Stadtgründung eröffnet hatte und das auf so demonstrative Weise verteidigt wurde. Mauer und Turm von Jericho sind Bollwerke zum Schutze des Wassers in der Wüste. In der Architektur manifestierten sich die elementaren Kräfte zur Erhaltung des Lebens.

II. Çatal Höyük

Stadtkulturen

Etwa 1000 Jahre nach Jericho, wahrscheinlich um 7000 v. Chr., sicher nachgewiesen seit etwa 6500 v. Chr., entstand die Stadt Çatal Höyük in Anatolien. Sie hatte bis etwa 5700 v. Chr. Bestand. Ihre Ruinen sind unter einem 17 Meter hohen Hügel erhalten geblieben (Taf. 1, 2). Ergraben hat sie zu einem großen Teil der Engländer James Mellaart in den Jahren 1961 bis 1963. Ian Hodder hat 1995 damit begonnen, die Ausgrabung fortzusetzen.

Was Çatal Höyük heraushebt, ist nicht die Zahl seiner schätzungsweise 10000 einstigen Bewohner, ist nicht irgendeine spektakuläre Einzelheit wie in Jericho, sondern der kulturelle Gesamtzusammenhang von Architektur, Plastik, Malerei, Handwerk, von bewußter Stadtgestaltung, Wohnkultur, Ritualen und Gebräuchen. Wir gewinnen Einblick in das große Ganze einer jungsteinzeitlichen Ansiedlung, die im Unterschied zu anderen gleichzeitigen Siedlungen in vielen Einzelheiten einen unerwartet hohen Lebensstandard und ein einzigartiges Kulturniveau erreicht hat. Seitdem Çatal Höyük ans Licht getreten ist, wissen wir, daß etwa 3000 Jahre früher als bisher angenommen eine der ersten uns bekannten komplexen Stadtkulturen entstanden ist, weder an Euphrat und Tigris (um 4000 v. Chr.) noch in Ägypten (um 3500 v. Chr.), sondern im heute so abgelegenen Hochland von Anatolien, in der Konya-Ebene der Türkei. Damit hat sich unsere Vorstellung von der Frühgeschichte der Menschheit von Grund auf verändert. Wie man so sagt: Die Geschichte muß neu geschrieben werden.

Was James Mellaart und sein Nachfolger Ian Hodder ans Tageslicht gebracht haben, wird die Grundlage abgeben für eine neue Kulturgeschichte und gemeinsam mit dem palästinensischen Jericho, neolithischen Dörfern Anatoliens wie Haçilar und den neolithischen Ansiedlungen am Zagros-Gebirge ein neues historisches Gesamtbild ergeben, mit dem die Einsicht verbunden ist, daß die ersten entwickelten Kulturen nur geringe Zeit nach dem Seßhaftwerden der Menschheit entstanden sind. Der Lauf der Geschichte war ein anderer, als bisher angenommen: Sumer und Ägypten sind späte Zivilisationen in der Frühgeschichte der Menschheit, weit fortentwickelte Hochkulturen, denen bereits Jahrtausende menschlicher Stadterfahrungen vorausgegangen sind, auch wenn sie nicht, wie es bisher scheint, unmittelbar in die Hochkulturen der Flußtäler eingingen.

Dem aus der Ferne Herankommenden muß Çatal Höyük einen kaum faßlichen Anblick geboten haben: ein großes Gedränge von rechtwinkligen Häusern, die eine Fläche von etwa dreizehn Hektar bedeckten und das – im Vergleich zu den dörflichen Niederlassungen der Zeit um 6000 v. Chr. – einen ausgesprochen städtischen Charakter besaß (Taf. 3–5). Es waren Hunderte von Häusern mit einem Grundriß von durchschnittlich 6×4,5 Meter und etwa drei Meter Höhe (Abb. 6). Die Bauten lagen Wand an Wand beieinander. Wohl gab es einzelne Höfe zwischen ihnen, doch keine Gassen, geschweige denn Straßen.

Der gesamte Verkehr lief über die flachen Dächer, die ein Geschiebe von vielfältig versetzten Ebenen bildeten. Durch Dachluken stiegen die Bewohner über Leitern in ihr Haus ein. Die Stadt war auf diese Weise vor wilden Tieren, die in offene Gassen hätten eindringen können, geschützt, aber auch vor Angreifern, die sich in das Gewirr von einzelnen Häusern hätten hin-

6 Çatal Höyük, Gebäudegrundrisse der Grabungsschicht VI b, Zeichnung nach James Mellaart

einstürzen müssen. Sie hätten sich in den Hunderten von Räumen unter dieser Dachlandschaft förmlich verloren.

Wohl gab es kleinere und größere Häuser, auch Bauten als Nebenräume, doch keines der Häuser war aus dem Schema entlassen und hob sich allzu bedeutungsvoll heraus. Nur die Abmessungen differierten. Besondere Großbauten als öffentliche Bauten oder überhaupt monumental auffällige Architektur fanden sich nicht. Haus um Haus glich einander.

Unter den gleichförmigen Rechteckhäusern gab es Wohnhäuser wie auch Heiligtümer. Diese waren reicher ausgestattet als die Wohnhäuser, doch unterschieden sie sich in der Architektur nicht voneinander. Allein die Ausstattung, die Wandmalereien und die Plastiken, kennzeichneten die Heiligtümer als solche. James Mellaart nahm an, daß er das Stadtviertel mit einer Konzentration von Heiligtümern aufgefunden habe und daß anderswo in der Stadt mit keiner so auffällig großen Anzahl von Sanktuarien zu rechnen sei. Jedes zweite Haus hatte den Charakter eines Heiligtums. Oder waren möglicherweise alle Wohnhäuser gleichzeitig auch Sanktuarien? Wohnte man inmitten täglicher Rituale? Und waren die Häuser lediglich stärker oder weniger stark geschmückt und mehr oder weniger bedeutungsvoll mit den Symbolen der Religion ausgestattet? Zumindest steht fest, daß in allen diesen Häusern Menschen wohnten, in den Heiligtümern möglicherweise die Priester mit ihren Familien.

Es gab also nur einen Bautypus für alle Zwecke: das aus luftgetrockneten Lehmziegeln errichtete Rechteckhaus. Çatal Höyük war eine Stadt, die ohne jegliche Differenzierung von Bautypen entstanden ist und Unterscheidungen der Bauaufgaben, wenn überhaupt, nur durch Sekundärzeichen wie Malerei und Plastik zu erkennen gibt.

Das Stadtbild war also, im Unterschied zu einer Stadt der sumerischen oder ägyptischen Hochkultur mit ihren monumentalen Tempeln, recht gleichförmig und sehr einheitlich, falls nicht bei fortschreitender Grabung noch ganz andere Bautypen gefunden werden sollten. Doch Ian Hodder hat bei seiner in einem anderen Teil des Siedlungshügels angesetzten Grabung wiederum die gleiche Struktur der Stadtanlage wie auch der einzelnen Häuser vorgefunden. Es ist deshalb wahrscheinlicher, daß das relativ einheitliche Bild der Stadtanlage unverändert bleiben wird. Sieht man von Jerichos Verteidigungsbauten und der Wasserleitung ab, so scheint es, daß die Entstehung monumentaler Architektur, vor allem großer, das Stadtbild im Inneren dominierender Tempelanlagen erst eine Errungenschaft der sumerischen Städte des 4. vorchristlichen Jahrtausends war.

Die Häuser von Çatal Höyük

Relativ neuartig waren die Rechteckhäuser von Çatal Höyük, nachdem viele Jahrhunderte zuvor – und so auch im frühen Jericho – das Rundhaus Geltung besessen hatte. Das aus dem 6. Jahrtausend stammende, auf Zypern ergrabene Dorf Khirokitia ist noch gänzlich als eine Ansiedlung von Rundhäusern angelegt (Abb. 7). Hier stehen die Wände der Häuser sogar noch bis in beträchtlicher Höhe aufrecht, wenn auch nicht nachgewiesen werden konnte, daß diese Häuser mit Kuppeln geschlossen waren. Möglich ist aber auch, wie der Ausgräber vermutet, daß wir sie mit einer Art von Strohdach abgedeckt zu denken haben. Spuren davon wurden im Schutt der Häuser gefunden. Rundhäuser enthalten noch immer die Erinnerung an Rundhütten, wie sie als Leichtbauten aus Ästen, Zweigen und Laub seit Urzeiten errichtet wurden. Das Rechteckhaus ist eine Neuerung des 7. Jahrtausends und ist schon deshalb Ergebnis schlüssiger Entwicklungen, weil der Lehmziegel sehr rasch in großen Rechteckstücken bis nahezu ein Meter Länge verwendet wurde. Aber auch die

7 Khirokitia, Zypern, Tholos 1 A, um 5800/5250 v. Chr.

spezielle Bauweise in Çatal Höyük, die an Fachwerk erinnert, forderte zum rechteckigen Grundriß heraus.

Das Haus von Çatal Höyük besteht aus zwei unterschiedlichen, miteinander verbundenen Konstruktionen, der aus Lehmziegeln errichteten Wand außen und einer innen vor die Wand gesetzten Holzstruktur, rechtkantigen Stützen, welche die großen Dachbalken tragen (Taf. 6, Abb. 8). Auf den Holzstützen liegt eine Art Kapitell, besser gesagt eine hölzerne Kämpferplatte, auf der wiederum ein senkrechtes Balkenstück aufsteht. In Höhe der Kämpferplatte ist die Außenwand um einige Ziegelschichten nach innen eingezogen, so daß sich die Wandabstände in der obersten Zone unter dem Dach etwas verringern. Die Kämpferplatte wird durch die aufliegende Lehmziegelschicht und den ebenfalls hierauf ruhenden großen Dachbalken gehalten. Möglicherweise befanden sich in dieser schmalen Dachzone auch die Fensterluken, die Licht in das Innere des Hauses hineinließen. Bezeichnenderweise fanden sich in den unteren Zonen der Wand, die in der Grabung teilweise bis zum Dach aufrecht standen, keine Fenster. Diese wären auch wenig sinnvoll gewesen, da die Häuser als dichtes Gefüge Wand an Wand aneinander grenzten und sich die Lichtzufuhr ohnedies versperrten. In der oberen Kämpferzone bestand allerdings durch die Rückstufung unter dem Dach die Möglichkeit, einen Lichtspalt offenzulassen. Im Unterschied zu heutigen Reihenhäusern besaß jedes Haus in Çatal Höyük seine eigenen vier Wände, so daß es auch unabhängig von jeglicher Nachbarschaft abgetragen und erneuert werden konnte.

Ein Lehmhaus hält Nutzung und Wetter etwa einhundert bis einhundertzwanzig Jahre stand. Die auf den Wänden entdeckten, oft über hundert, dünn übereinanderliegenden Kalkschichten stammen von der jährlichen Erneuerung des Wandanstrichs. Sobald ein Haus baufällig wurde, trug man die Wände oder Teile davon ab, schüttete die Räume zu und errichtete darüber ein neues Haus. So kam es über die Jahrhunderte zu einem langsam sich erhöhenden Siedlungshügel, der nach außen flacher wurde, weil sich die Stadt an den Rändern zusehends ausdehnte und die Schichten dort nicht bis auf das Anfangsniveau der Stadtgründung zurückreichten. Es scheint, daß die Bewohner ihr baufällig gewordenes Haus, das zudem häufig Sanktuarium und – wie noch darzustellen sein wird – auch Grablege der Vorfahren war, vor der Aufgabe anzündeten. Es brannte in den vier Lehmwänden ab. Die Lehmschichten, die von den Wänden auf die Stützen übergriffen, blieben als Hohlformen zurück (Abb. 8), da die Holzbalken im Inneren der Lehmschicht verbrannten.

Es bedarf keiner weiteren Hinweise, um zu erklären, daß die Häuser von Çatal Höyük keineswegs einfache Konstruktionen waren. Wir sprechen bei solch unterschiedlichen, doch miteinander verbundenen Strukturen von Hybridkonstruktionen. Hätte nicht eine einfache Lehmziegelmauer mit einem leicht geneigten Flachdach genügt? Warum kam es zu einer derart komplizierten Hybridkonstruktion gleich zu Beginn der Geschichte des Rechteckhauses?

Vermutlich hat es bereits frühere konstruktive Erfahrungen mit der Lehmziegelmauer gegeben, bevor es zu diesem Haustyp kam. Eine punktuelle Belastung der doch recht dünnen, in den mittleren Grabungsschichten

8 Çatal Höyük, Wand eines Hauses mit Lehmummantelung eines ausgebrannten Stützpfeilers

(VI b bis IV) weniger als 16 Zentimeter dicken Lehmziegelwand hätte zu Drucksenkungen dieser Lehmziegelmauer geführt. Ein etwa 4,5 Meter langer Dachbalken hat an seiner Auflagefläche ein beträchtliches Gewicht, hätte also die Wand eindrücken können. Statt dessen setzte man eine Holzstütze vor die Wand, um auf diese Weise mit einem hölzernen Innengerüst die Dachkonstruktion zu tragen. Diese selbst war schwer geworden, da mit den angewachsenen Breitenmaßen des Hauptraums auch die Dachbalken anwachsen mußten. So wurde hier eine Zweifachlage von Balken notwendig – die schweren Hauptbalken und die kürzeren quer gelegten Bohlen –, auf denen die Strohmatten und die mit Gips gestärkte Lehmdecke auflagen.

Es handelt sich also hier in Çatal Höyük nicht, wie von einigen Forschern behauptet, um eine Fachwerkkonstruktion, da die Holzstruktur nicht in die Wand einbezogen ist. Vielmehr hat man die Wand unangetastet gelassen und das Stützgerüst als Traggerüst des Daches innen hineingestellt. Eine kluge, ja beinahe raffinierte Konstruktion, die wir im 7. Jahrtausend v. Chr. bisher nicht für möglich gehalten hatten und die bislang auch nirgendwo sonst gefunden wurde.

Städtische Landschaft

Was wir am wenigsten vermutet hätten, bezeugt einer der bemerkenswertesten Funde von Çatal Höyük. Die Stadt war, wenn nicht im modernen Sinne geplant, so doch mit Überlegung organisiert und nicht dem zufälligen Zustandekommen überlassen.

An einer Wand eines Hauses der Grabungsschicht VII, die der Zeit um 6200 v. Chr. angehört, fand Mellaart eine Malerei, die ohne Zweifel den Grundriß von Çatal Höyük darstellt (Taf. 7a, b). Die einzelnen Häuser sind jeweils mit dem Hauptraum und den Nebenräumen, wohl auch den Wandnischen wiedergegeben; sogar geringe Unterschiede der Grundrißbildung wurden berücksichtigt: Der Maler hat besonderen Wert gelegt auf die Selbständigkeit eines jeden Hauses, indem er jedem seine vier Wände beließ und die schmalen Abstände zwischen den Häusern eintrug. Doch waren dies keine Gassen, sondern Zeichen der Distanz zwischen den individuellen Häusern. Die Wandmalerei gibt demnach den typisierten Grundriß der Stadt wieder. Es war das Grundmuster, das der Bewohner von Çatal Höyük als Vorstellung von seiner Stadt in sich trug. Bekräftigt wird dies durch eine charakteristische Landschaftsergänzung. An der oberen Kante des Stadtumrisses, also wohl im Hintergrund, erscheint ein Berg mit zwei Gipfeln. Der Umriß gleicht der Silhouette des etwa 140 Kilometer von Çatal Höyük entfernt liegenden Vulkans Hasan Dag, den man bei klarem Wetter in der Ferne erkennt und der noch bis etwa 2000 v. Chr. tätig war. Die Malerei deutet einen Vulkanausbruch an, wie sich beim rechten Gipfel des Bergmassivs erkennen läßt. Womöglich sind die am Fuße des Berges eingetragenen, nach rechts gerichteten Striche als abfließende Lava zu verstehen. Und womöglich bedeuten die Punkte in der Fläche des Berges Asche oder Aschenregen. Vom Hasan Dag kam auch das für die Ökonomie von Çatal Höyük wohl kostbarste Material, der schwarze Obsidian, mit dem die anatolische Stadt weithin bis nach Kleinasien und darüber hinaus einen lebhaften Handel trieb.

Erblickt man den tatsächlichen Grundriß eines Stadtteils in seiner Komplexität (hier die Grabungsschicht Nr. VIb, Abb. 6), so ergibt sich keine gleichermaßen regelmäßige Ordnung wie im Wandbild. Doch zeigt sich auch hier eine ordnende Absicht. Innerhalb des dichten Gefüges der Häuser werden Fluchtlinien erkennbar, Mauerzüge, die mehrere Einzelhäuser und Höfe in durchgängiger Linie aneinanderbinden. Die Stadt wurde gewiß nicht nach einem Gesamtplan gebaut; doch sind planende Absprachen zwischen den Bewohnern zweifellos in die Gestaltung der Stadt eingegangen. Der Stadtgrundriß changiert sozusagen zwischen der lockeren Fügung freizügigen Bauens und planender Überlegung.

Mit der Wandmalerei des Grundrisses haben wir bereits ein Beispiel aus dem großen Themenkomplex der

Malerei von Çatal Höyük herausgegriffen. Was wir hier sehen, ist ein Erstling in der Kunst- und Kulturgeschichte, die Darstellung einer Landschaft: Stadt mit Berg. Was den Maler veranlaßt hat, seine Stadt auf die Wand eines ihrer Häuser zu malen, wissen wir nicht. Mit Gewißheit können wir nur sagen, daß er über ein hochentwickeltes gedankliches Abstraktionsvermögen verfügte. Auf diese Weise war er fähig, aus der Unbewußtheit herauszutreten und formend Abstand zu gewinnen von seiner Umgebung.

In der Geschichte der europäischen Kunst ist die Bildgattung der Landschaftsmalerei eine späte Errungenschaft der Hochrenaissance (Albrecht Altdorfer, um 1510). Während des Mittelalters war sie kein Thema. Im antiken Rom gab es sie allerdings bereits. Çatal Höyük beweist, daß sie immer schon möglich war, sie gehört, so möchte man sagen, zum anthropologischen Potential.

Die Toten

Die Häuser von Çatal Höyük waren im Inneren durch Lehmpodeste gegliedert. Sie zogen sich im Winkel an der West-, Ost- und der Nordwand entlang, kaum je an der Südwand, wo sich der Herd und darüber die Ausstiegsluke mit einer Leiter vor der Wand befanden. Die Podeste waren die Schlafstätten der Bewohner, ein kleines für den Mann, ein größeres für die Frau mit den Kindern. Ein weiteres Podest diente als «Diwan». Alle Podeste waren wohl mit Fellen und gewebten Decken belegt. Auf der Erde lagen Bastgeflechte. Die Wände der Wohngebäude waren meist weiß gekalkt, die in Lehm gehüllten Stützen des Hauses durch eine rote Bemalung hervorgehoben. Die Farbe Rot sollte für Schutz und für Abwehr sorgen, verbürgte wohl auch Sicherheit gegen den Einsturz. Auch die Wandflächen waren hier und dort rot bemalt.

Das Haus war jedoch nicht nur Wohnort der Lebenden, sondern auch das Haus der Toten. Sie wurden unter den Lehmplattformen beigesetzt. Als Letzter in der Reihe der Generationenfolge ruhte der Lebende über den Toten. Die Menschen von Çatal Höyük begruben ihre Toten nicht irgendwo außerhalb der Stadt; man behielt den Vater, die Mutter bei sich im Haus. Es ist auch nach heutigen Begriffen die ergreifendste Art der Bestattung und der Einbeziehung der Toten in das Leben. Wie könnte die Zusammengehörigkeit deutlicher ausgedrückt werden! Und wie könnte der Schrecken des Todes, die Trauer um den Davongegangenen direkter und wirksamer überwunden werden, als daß man den Toten unter sich begrub!

Auch andere neolithische Gesellschaften haben diese Bestattungsart gekannt. Sie wurde nicht erst in Çatal Höyük erfunden, dort aber in eine dauerhaft besiedelte und dicht gefügte Stadt übernommen. Dazu war notwendig, daß der Leichnam vor seiner Beisetzung im Freien ausgesetzt und skelettiert wurde. Wandmalereien in zwei Heiligtümern verdeutlichen diesen Vorgang (Taf. 23–27, Abb. 9). Riesige rotfarbene Geier mit einer Flügelspannweite von etwa anderthalb Metern, die auch dem tatsächlichen Maß entspricht, stoßen auf kleine Menschenleiber herab. Die fehlenden Köpfe besagen, daß die wiedergegebenen Menschen Tote sind. Wir müssen annehmen, daß die Körper im Freien aufgebahrt wurden, um sie den Geiern zu überlassen. Im wörtlichen Sinne waren die Geier die Totenvögel.

Das Geierheiligtum (VII, VIII) ist auch für heutige Augen ein grausiger Raum; mit großen, wehenden Federflügeln und zupackenden Schnäbeln stoßen die Totenvögel als rote Silhouetten herab auf die kleinen Menschen, Leichname in der hockenden oder ausgestreckten Bestattungshaltung, in der auch die Skelette unter den Lehmplattformen gefunden wurden. Der große Raum war das Sanktuarium der Toten. Und auch wenn sich dort wie in anderen Häusern Schlafplatt-

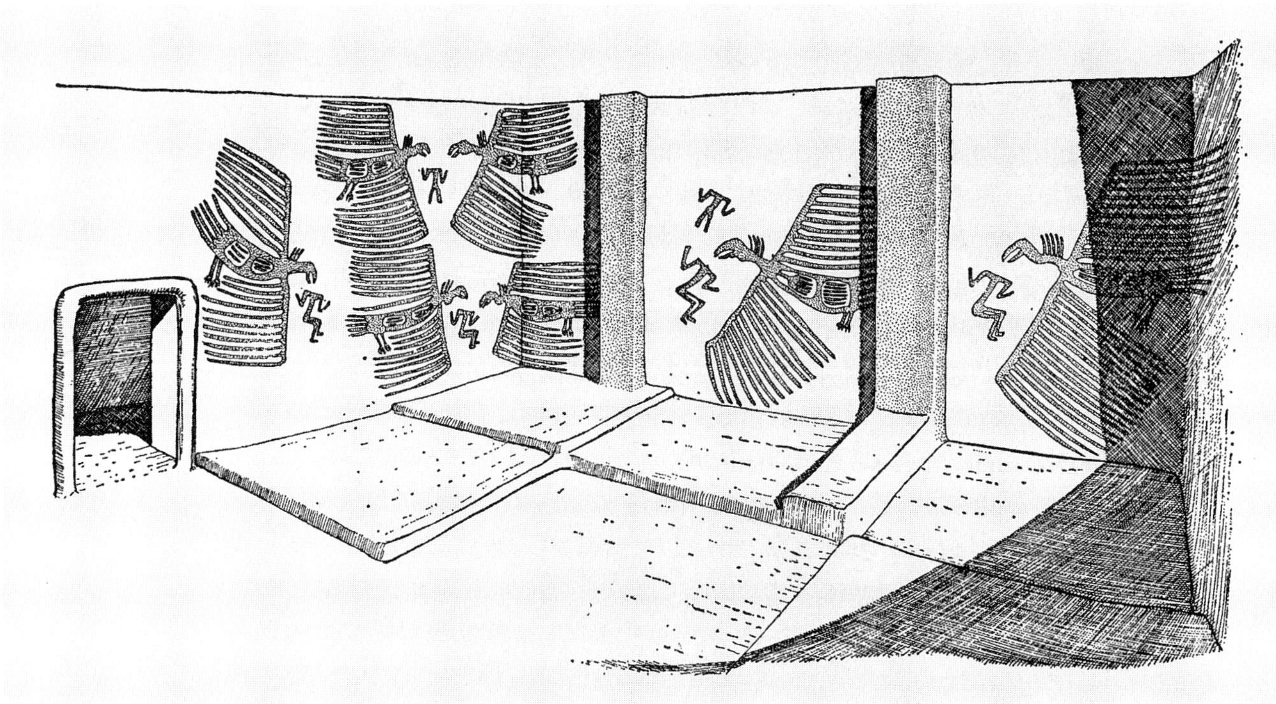

9 Wandmalereien in Haus VII 8, Geierheiligtum, um 6000 v. Chr., Rekonstruktion von James Mellaart, Anne Louise Stockdale und Grace Huxtable

formen fanden, so ist doch kaum anzunehmen, daß hier Menschen wohnten. Als Haus der Toten diente es wohl der Totenfeier und der vorübergehenden Aufbahrung. Doch sind dies Vermutungen nach heutigen Begriffen. Womöglich war hier ein Priester ansässig, dem als besondere Aufgabe die Totenwacht und Totenfeier oblag (?).

Der Maler dieser Bilder besaß eine ausdrucksstarke Phantasie, mit der er außergewöhnliche Kunstwerke hervorbrachte – Wandmalereien des Neolithikums. Schon die Wahl der Bildformate zielt auf Beeindrukkung. Der aus einem Vorraum hereinführende Eingang, der, wie überall in den Häusern von Çatal Höyük, nur in geduckter Haltung durchschritten werden konnte, lenkt den Blick auf die seitlich mit gespreizten Flügeln hereinfliegenden monumentalen Vögel, die zusammen mit den chiffrenartigen Körpern der Leichen das jeweilige Wandfeld füllen. Sie stoßen von rechts herein und gewinnen auf diese Weise Dynamik und schwebende Kraft. Sie scheinen wirklich zu fliegen.

An der Eingangswand konzentrieren sich die Geier; sie stoßen gleich von zwei Seiten auf die Toten (Taf. 23, Abb. 9). Ein besonderer Gestaltungseinfall führt zu einer besonders intensiven Kraftentfaltung der Vögel: sie brechen um die Raumecke ein, so daß der Vorderleib mit den zufassenden Köpfen in eine dritte Dimension hineinzustoßen scheint, ein Flug in den Raum hinein.

All das ist mit Überlegung und gezielter Gestaltungsabsicht geschaffen. Keineswegs herrschen Zufälligkeit und ein unkontrolliertes Drauflos. Die Begriffe, die wir zum Verständnis dieser Malerei heranziehen, sind ästhetische Begriffe. Sie anzuwenden, wird durch die Malerei selbst nahegelegt und ist nicht vom heutigen Betrachter ahistorisch übertragen. Zwangsläufig gewinnen wir die Einsicht, daß wir diesen Wandmalereien den Kunstcharakter nicht absprechen können. Sie entstanden in einer Zeit, von der wir gerade noch nach Ausweis der bisherigen Fundsituation glaubten, sie sei nahezu kunstlos gewesen.

Muttergöttin und Stiergott

Daß die Häuser von Çatal Höyük nicht nur weiß- und rotgefärbte Wände besaßen, sondern sehr häufig mit Wandmalerei geschmückt waren, haben bereits das Geierheiligtum und der Grundriß der Stadtlandschaft gezeigt. Besonders die Kulträume waren mit Gemälden, aber auch Plastiken ausgestattet, die gänzlich ungewohnte Ansichten von Räumen vorgeschichtlicher Behausung vermittelten.

Die Kultur von Çatal Höyük unterscheidet sich besonders hinsichtlich dieser kunstreichen Ausstattung von den anderen uns bislang bekannten vorgeschichtlichen Kulturen. Wohl gab es eine altsteinzeitliche Höhlenmalerei höchster Vollendung; sie waren ja die ersten monumentalen Kunstwerke der Menschheit überhaupt. Eine künstlerische Ausstattung der Architektur jedoch mit vielfältigen Szenen aus Religion und Leben, mit einem überbordenden Schmuckreichtum, mit großformatigen Plastiken und Reliefs, das alles war bisher nicht bekannt gewesen. Eine hochdifferenzierte Kultur hat mit der Ausstattung der Wohnhäuser und Heiligtümer Erzähl- und Symbolmedien geschaffen, die nicht ihresgleichen haben.

Die Themen der Darstellungen sind vielfältig und variantenreich. Wenn sich auch Einzelmotive wie etwa bestimmte Ornamentformen oder dominierende Symbole wiederholen, so sind sie doch in einen immer neuen Zusammenhang gebracht. Jeder Raum war anders. Alles unterschied sich. Es gab keine feste Typologie und kein Einheitsprogramm. Die Phantasie hatte weite Spielräume – aber alle Formen und Gestaltungen paßten sich ein in recht kleinformatige, fast intime Räume von etwa 4,5 × 6 Meter bei einer Wandhöhe von etwa 2,8 bis 3,3 Meter. Trotz aller Vielfalt gab es doch einige wenige dominierende Themen und Gestalten: die Muttergottheit als Gebärende (Taf. 8, Abb. 10) und der Stier – entweder als gemaltes, ganzfiguriges Jagdtier (Abb. 17) oder als monumentaler, in Lehm gehüllter und bemalter Stierkopf oder auch als ausgreifendes Gehörn (Taf. 9–11, 13–16, 20–22).

Über die Bedeutung beider Symbole gibt es kaum einen Zweifel: die Gebärende stellt das weibliche Prinzip dar und repräsentiert die Muttergöttin; der Stier repräsentiert wohl das männliche Prinzip. Da es andere dominierende und in vielerlei Zusammenhängen immer wieder aufgenommene Symbolfiguren nicht gibt, können wir vermuten, daß es die beiden Hauptgottheiten von Çatal Höyük waren: die Muttergottheit und der Stiergott. Möglich aber, daß es Nebengottheiten gab, etwa Tiergötter wie den Gott der Geier oder auch einen Leopardengott. Leoparden haben häufiger, einmal sogar als monumentales Relief (Abb. 15), Darstellung gefunden.

Es hat in Çatal Höyük reine Stierheiligtümer gegeben wie etwa die Kultstätte in der Schicht VI A, Haus 8 (Taf. 9–11). Im Zentrum der Frontwand sitzen zwischen den roten Wandstützen drei große Stierköpfe, davor auf einer längs durch den Raum laufenden Bodenbank vier ausgreifende Hornmonumente, sogenannte Bukranien; und an der Seitenwand streckt sich ein roter Stier in

10 Çatal Höyük, Haus VI B 10, Kultstätte mit Originalrelief einer Gebärenden, Museum für Anatolische Kultur, Ankara

vertieftem Relief. Doch damit nicht genug. Weitere Tierköpfe wie der behörnte Kopf eines Widders rechts neben den drei Stierköpfen und zwei kleine Stierköpfe links, schließlich eine Phalanx von Eberköpfen unter der Dreiergruppe der Stiere, neun in der oberen Reihe und vier darunter, ergänzten die martialische Inszenierung im Namen der wohl männlichen Stiergottheit. Eine aggressivere Gruppierung von ausgreifenden, stoßenden, sich krümmenden Gehörnspitzen und von Hauern läßt sich kaum ausmalen. Kraft und Aggressivität verbinden sich mit phallischer Charakteristik zu einem von Maskulinität strotzenden Arrangement.

Es wäre weniger überzeugend gewesen, wäre auch die Frau als Gebärende mit hochgestellten Beinen, so wie sie in den Häusern in vielfacher Form und immer von beträchtlicher Größe, vor Augen tritt (Taf. 8, 15), in solcher Häufung vorgekommen. Fast immer steht sie als große Form allein, selten kommt sie paarig vor oder als Einzelfigur an drei verschiedenen Wänden desselben Raums (VII. 31).

Das wohl eindrucksvollste Beispiel ist in einem im anatolischen Nationalmuseum in Ankara rekonstruierten Raum zu sehen, wo die Göttin als fast lebensgroßes Reliefmonument unter einem eigenen Giebel, der über das Hausdach hinausragt, ihren beherrschenden Platz gefunden hat (Abb. 10). Direkt unter ihr sitzen drei kapitale Stierköpfe auf der Wand, als seien sie soeben von der Göttin geboren worden. Die Geburt des Stiers aus dem Leib der schwangeren Muttergöttin, auf deren Bauch sich ein Hügel mit konzentrisch aufgemalten Kreisen wölbt, findet sich auch in anderen Räumen, direkt miteinander verbunden, auf der Westwand des Hauses VI b 8. Der Stier ist also letztlich das Kind der Frau, ist aus dem Mutterleib hervorgegangen und nur als Abkömmling der Frau existent.

Bilder des Matriarchats?

Neben der Malerei und den Wandreliefs kommt eine Fülle von plastischen Figuren vor, die wohl allesamt die Muttergottheit, füllige Frauen in unterschiedlichen Haltungen, darstellen.

Unter den auch ästhetisch zum Teil vollendeten Frauenfiguren findet sich jene berühmte Tonplastik einer nackten Frau auf einem Leopardenthron (Abb. 11), eine geradezu drastische Schilderung des Frauenkörpers mit allen Attributen der Reife, schweren Beinen mit eingedrückten Knien, lastendem Leib, schräg herabhängenden Brüsten und einem gewaltigen Gesäß. Diese Merkmale sind erstaunlich genau wiedergegebene anatomische Einzelheiten der Muttergestalt, wie sie zuvor nie mit ähnlicher Beobachtungsschärfe geschildert wurden. Man könnte hier sogar von einem Realismus sprechen. Auch in anderen vollplastischen Darstellungen des Frauenkörpers kehren dessen füllige Formen wieder. Einmal trägt der Körper einer solchen Tonfigur ein schnell hingeworfenes Ornament (Abb. 12, 13). Mit der genauen Schilderung des Körpers in sitzender Haltung gehört diese Figur zu den meisterlich realistischen Darstellungen weiblicher Gestalten.

Im Gegensatz zu weiblichen Plastiken kommen männliche Gestalten, wie noch gezeigt werden soll, recht selten vor. Auch darin liegt ein Hinweis auf die Dominanz der Muttergottheit.

In der Folge dieser Beobachtungen stellt sich wie von selbst die Frage ein, ob die herrschende Rolle der Muttergottheit mit der beherrschenden Rolle der Frau in der Gesellschaft einhergehe, ob sie also in der Mutterrolle an die Stelle des im Jagdzauber und in der Stierrolle sich aufspielenden Mannes getreten sei. Relativierte die Betonung des Weiblichen bei allem Respekt vor der martialischen Größe des Stiergottes nicht sowohl die Götter der Jagd als auch die gesellschaftliche Dominanz des Mannes als Jäger? Waren nicht mit der Seß-

11 Thronende Göttin auf Leopardenthron, Çatal Höyük, Schicht II, Kopf der Göttin und Leopardenkopf der linken Armlehne ergänzt, um 6000 v. Chr., Höhe 20 cm, Museum für Anatolische Kultur, Ankara

12 Bemalte Tonstatuette einer Frauenfigur, Göttin, Haus VI A 61, um 6000 v. Chr., Höhe 4,1 cm, Museum für Anatolische Kultur, Ankara

13 Bemalte Tonstatuette einer Frauenfigur, Göttin, Çatal Höyük, Haus VI A 61, um 6000 v. Chr., (wie Abb. 12), Museum für Anatolische Kultur, Ankara, Videoabwicklung von Burkhard Detzler und Martin Emele

haftigkeit, dem Ackerbau und der Domestizierung der Tiere andere Aufgabenstellungen zur Führung gelangt als die traditionellen Jagdaufgaben des Mannes? Und war nicht überhaupt die Geburt das eigentliche Wunder und damit auch der wesentliche Inhalt der Religion?

Frauenfiguren ähnlicher Art kommen seit der «Venus von Willendorf» (etwa 32 000 v. Chr., Abb. 14) in vielfältiger Gestalt und in vielen vorgeschichtlichen Gesellschaften durchgängig vor. Stets wurden dabei die weiblichen Körpereigenschaften besonders betont. Es kann deshalb nicht alleine die neue «Häuslichkeit» des seßhaften Menschen der besondere Anlaß dafür gewesen sein, daß die Frau zum bevorzugten Thema der Skulptur wurde, zumal sie seit der «Venus von Willendorf» überhaupt das dominierende Thema freiplastischer Gestaltung war. In Çatal Höyük fällt die Häufigkeit von Frauenstatuetten auf. Dies sowie die ständige Wiederholung der Muttergottheit als großformatiges Wandrelief und als Motiv der Wandmalerei lassen keine Zweifel über die besondere und bedeutungsvolle Akzentuierung dieser Gestalt.

Mit den beiden Gottheiten, der gebärenden Mutter und dem Stiermann, hatte die steinzeitliche Gesellschaft von Çatal Höyük das naheliegendste Gesetz der Natur, die Gegensätzlichkeit und das Miteinander der Geschlechter, zum Hauptinhalt der Religion und der die Gesellschaft leitenden Wertsetzungen gemacht. Das war angesichts der Vielgötterei und des phantastischen Gewimmels von mythischen Gestalten anderer, vor allem späterer Religionen eine geradezu humane und natürliche Einfachheit religiösen Denkens.

Aber es könnte durchaus sein, daß auch der Leopard eine besondere Rolle spielte und zu der Muttergottheit mit dem Stiergott in Konkurrenz trat. Er findet sich als ein Großrelief in einem der Sanktuarien: zwei einander gegenüberstehende, ornamental gefleckte Leoparden, die wie ein Tieremblem in strenger Seitenansicht gezeigt sind (Taf. 28, Abb. 15). Allerdings könnte im Gegenüber der Kopf an Kopf stehenden Tiere auch ein gleichgewichtiges Gegenüber von männlichem und weiblichem Leopardentier gemeint sein. In dienender Funktion treten die Tiere jedenfalls an den beiden Sesselflanken der großen, thronenden Göttin auf (Abb. 11). Sie begegnen als Motiv allerdings zu selten, um in ernsthaften Wettbewerb zu Muttergöttin und Stier treten zu können.

Jenseits der Frage nach seiner religiösen Bedeutung ist das Leopardenrelief kultur- und kunstgeschichtlich von besonderem Interesse, weil schon hier die gestalterischen Mittel angewendet wurden, die auf eine hieratische Emblematik von Tierpaaren hinauslaufen. In dieser

Anordnung wurden mehrere tausend Jahre später die sich gegenüberstehenden Löwen im Portalrelief von Mykene emblematisch gebändigt, und ein Gleiches wurde in vielen mesopotamischen Darstellungen versucht. Noch die Wappentiere der Gegenwart erinnern häufig genug an diese hieratische Konfrontation.

Gestaltungsparallelen über lange Zeitstrecken hinweg werfen immer wieder die Frage auf, wie weit ein gewisses Gestaltungsrepertoire existiert, das dem Menschen unabhängig von Zeit und Ort mitgegeben ist, also unter den verschiedensten Bedingungen immer wieder abgerufen werden kann, ja werden muß, da Gestaltungsalternativen gar nicht zur Verfügung stehen.

Daß die Reliefdarstellungen der Gebärenden wie auch der lehmverhüllten Stierköpfe eine religiös-rituelle Bedeutung hatten, erweist sich nicht zuletzt an der Tatsache, daß Köpfe und Hände der Muttergottheit wie auch die Tonköpfe der Stiere bei Aufgabe des Hauses häufig abgeschlagen, die Gestalten also gleichsam ungültig und wirkungslos gemacht wurden, bevor sie im Schutt mitversanken. Die Figuren waren nicht nur Symbole, also Träger von Bedeutungen im nur stellvertretenden, übertragenen Sinn, sie hatten auch ihre Unmittelbarkeit.

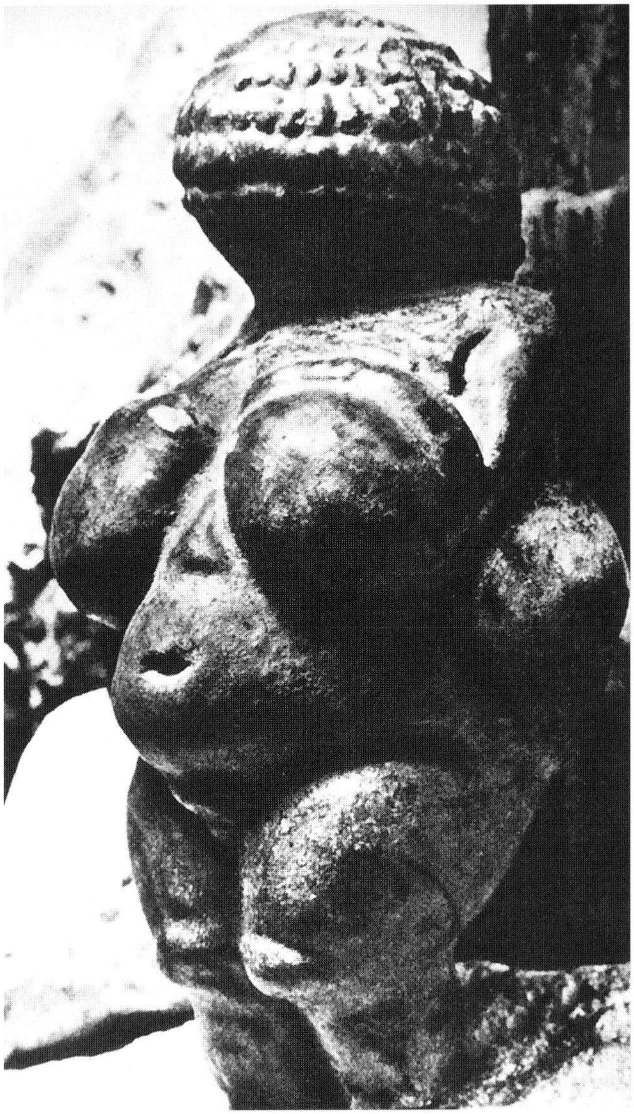

14 «Venus von Willendorf», aus Kalkstein geschnittene Statuette, um 32 000 v. Chr., Naturhistorisches Museum, Wien

Ein Jagdheiligtum

Auch in einer Stadt wie Çatal Höyük besaß der Stierkult als Jagdkult nach wie vor eine große Bedeutung. Noch immer war es die Jagd, die trotz der häuslichen Tierhaltung einen großen Teil des Nahrungsbedarfs deckte. So ist es nicht verwunderlich, wenn in einem der Räume des ergrabenen Areals von Çatal Höyük die Darstellung der Jagd das alleinige Thema ist. An zwei Wänden des Hauses A III 1 ist die Jagd auf den Stier, an der dritten Wand, wenn nicht eine Hirschjagd, so doch ein Hirschtanz, also ein Jagdritual, dargestellt (Abb. 16).

15 Çatal Höyük, Lehmrelief zweier Leoparden aus dem Haus VI B 44, um 6000 v. Chr., Museum für Anatolische Kultur, Ankara

An der Nordwand des überdurchschnittlich großen Kultraums trifft das Auge auf einen Stier, der die Mitte der Fläche über zwei Meter Länge füllt und mit seinem wuchtigen Körper dem Hereinkommenden Angst und Schrecken eingejagt haben muß (Abb. 16, 17). Er allein ist das große Thema und er degradiert die menschlichen Gestalten, die sich um ihn zu schaffen machen, zu harmlosen Figürchen; die Jäger erscheinen uns wie Insekten, die den riesigen Stier umschwirren. Aus solchen Bildern spricht, auch noch in der Spätzeit der Stadt um 5800 v. Chr., der große Respekt vor dem mächtigen Jagdtier, dem gegenüber sich die Menschen nach wie vor klein empfinden und der Jagderfolg keineswegs gewiß ist.

Zu den hier dargestellten Jagdszenen gehört auch das Fragment eines Jägers, der mit ausgreifendem Schritt und mit von sich fortgehaltenem Bogen an der Jagd – oder auch dem Jagdritual – teilnimmt (Abb. 18). Er ist mit einem Leopardenfell bekleidet, das er wie eine große Schärpe um die Hüfte geschlungen hat. Die Gestalt ist in voller Bewegung festgehalten, und es scheint, als würde das Leopardenfell nach allen Seiten wegfliegen, eine knapp hingesetzte, als bloße Figurenchiffre aber treffend geschilderte Gestalt. Möglicherweise handelt es sich bei diesen Gestalten um Priester des Jagdrituals, wie James Mellaart vermutet hat. Man kann unter den Figuren tanzende und springende Akrobaten erkennen, auch zwei Enthauptete, die möglicherweise verstorbene Ahnenfiguren verkörpern (Taf. 30, 31). Was immer die Szenen bedeuten sollen, über den Stellenwert der Jagd lassen sie auch in einer bereits seit Jahrhunderten bestehenden Stadt keinen Zweifel. Erst in den obersten Grabungsschichten verschwinden dergleichen Jagdszenen völlig. In Schicht II (um 5800/5750 v. Chr.) wurde auch das Jagdheiligtum nicht wieder errichtet.

Auffälligerweise verschwinden zu dieser Zeit auch männliche Statuetten fast vollständig aus der Plastik –

16 Çatal Höyük, Hauptraum des Hauses A III 1, sog. Jagdheiligtum, Rekonstruktion von James Mellaart

17 Çatal Höyük, Stierjagd, Wandmalerei im Haus A III 1, um 6000 v. Chr., Museum für Anatolische Kultur, Ankara

eine Entwicklung, die in Haçilar (seit etwa 5750 v. Chr.), südwestlich von Çatal Höyük gelegen, ihren Höhepunkt erreicht. Haçilar war eine bäuerliche Ansiedlung, in der man sich auf die Herstellung bemalter Keramik konzentrierte. Aber auch einige schöne weibliche Statuetten kamen aus der Grabung zutage sowie die Darstellung eines Paares: die erste uns bekannte Darstellung der Liebe (Abb. 19).

Ornamentik

Die Wandmalerei von Çatal Höyük umfaßt nicht nur inhaltlich bedeutsame Szenen wie die Stierjagd oder den Flug der Geier, die einen religiösen und rituellen Hintergrund haben, sondern zeigt daneben auch eine Fülle unterschiedlicher, dekorativer Motive, die zum Schmuck der Räume gemacht scheinen: Ornamentik.

So etwa füllt das gesamte mittlere Wandfeld des Raumes VI A 50 ein reiches Muster, das sich im Zentrum der Gesamtkomposition wie ein abstraktes Altarbild ausnimmt (Taf. 12–14). Daß aber die Zeichen und Ornamentbänder nicht ohne Bedeutung gewesen sein können, legt schon die Muttergottheit in Gebärstellung nahe, die das rechte Feld der Wand monumental besetzt hält (Taf. 15). Auch das ausladende Bukranium vor dem rechten, rot gefaßten Wandpfeiler und die in der Raumecke vor der Muttergottheit gestapelten Stierhörner (in Fundposition) versammeln einen intensiven Fundus bedeutungsvoller Objekte um die Ornamentdarstellung des Mittelfeldes. Die Kreuze und anderen Formen in den von Ornamentbändern gehaltenen Ova-

18 Çatal Höyük, Bogentragender Jäger, Wandmalerei aus dem Haus A III 1, um 6000 v. Chr., Museum für Anatolische Kultur, Ankara

len, sogar der Abdruck einer kleinen Hand im Oval unten links können nicht inhaltsleerer Schmuck gewesen sein. Doch bleiben uns die Bedeutungen der auf die Wand gemalten Formen verschlossen. Aber es ist vielsagend, wenn im Seitenfeld und auf der Seitenwand nur noch die verketteten Ovalformen übriggeblieben sind; die Binnenzeichen sind ausgelöscht, und die Botschaft ist damit verstummt. Nur im Zentrum, im Hauptfeld, wird das Mitzuteilende signalisiert. Hier aber findet sich auch ein weiterer inhaltlicher Hinweis. Die Ornamentketten und Ovalzeichen sitzen auf einem Maschengrund, so als sei ein Gewebe vor die Wand gehängt (Abb. 20).

Tatsächlich trifft man auch in anderen Räumen auf Wandornamente, die sich als Webstrukturen erkennen lassen, ja es gibt Räume (VII 1), die gänzlich mit Textilmustern ausgeschmückt sind. Ein Schlüsselwerk ist ein mit roten und schwarzen Mustern bemaltes Fragment (Abb. 21), das nicht nur das typische Kelimmuster, sondern auch die abgesteppte Kante des Gewebes wiedergibt. Textilfunde in Çatal Höyük beweisen, daß es dort bereits die Webtechnik und auch schon Kelims, kleine wollene Webteppiche, gab. Einige der Muster in den Wandmalereien sind mit ihrer gelockerten seriellen geometrischen Ornamentik denn auch unverkennbare Kelimmuster. Wir können also eine Bedeutungsschicht dieser Ornamentflächen entschlüsseln: es sind gemalte Imitationen von Wandteppichen, die wohl auch real an den Wänden hingen.

Haben aber, so müssen wir weiter fragen, auch die Muster der imitierten Teppiche eine Bedeutung? Damit stoßen wir auf eben jene Bedeutungsschicht in den Ovalen, deren Entschlüsselung uns nicht möglich ist; sie bleiben kryptische Chiffren. Allerdings fragen wir uns, ob das Kelimmuster roter oder schwarzer Dreiecke unbedingt eine Aussage transportieren muß oder ob es nicht doch «reines Ornament» sein könnte, also eine stimulierende Formenfüllung sonst nackter Flächen?

Eine andere Wandmalerei mit ihren Webformen, ihren wandernden Zickzacklinien und Blumensternen ist so sehr, auch für heutige Augen, ein Kelimmuster, daß es sich erübrigt, nach zusätzlichen Bedeutungen zu fragen (Abb. 22). Möglicherweise lag dem Muster bei seiner anfänglichen Konzeption ein Inhalt, etwa die abstrahierende Nachbildung einer Landschaft oder ähnliches, zugrunde, der sich nach langem Gebrauch schließlich in der reinen Ornamentform verloren hat. Dies kann bereits im Laufe der achthundertjährigen Geschichte von Çatal Höyük stattgefunden haben. Bedenkt man aber, daß schon eine einfache rote Fläche, ein roter Pfeiler, eine Bedeutung haben könnte, so fällt es schwer, die Möglichkeit reiner Form überhaupt zu erwägen.

Wir stoßen hier auf einen Grundkonflikt kunsthistorischer Deutung, der sich sogleich einstellt, wenn wir versuchen, früheste Werke der Kunst zu verstehen. Kann es eine reine, inhaltsleere Schönheit, so wie wir sie im 20. Jahrhundert erfahren, in historischer Kunst überhaupt geben? Von mehreren Seiten aus läßt sich eine solche, an Ausschließlichkeit grenzende Interpretationsvorschrift erklären. Das nach Inhalten suchende Deutungsverlangen der Wissenschaft selbst ist ein Grund. Eine andere Erklärung gründet in der Tatsache, daß wir angeblich erst seit der Renaissance «reine Kunst» kennen. Eine dritte schließlich ergibt sich aus unserer modernen Gegnerschaft gegen die L'Art-pour-l'art-Auffassung, der wir eine Funktionalisierung der Künste nach dem Motto, eine konsequent nützliche Form sei auch schön, gegenüberstellen. «Reine Schönheit» ist uns aus allen diesen Gründen suspekt. Aber alle diese Gründe sind auch Vorurteile.

Andererseits hat die Tendenz, nach uns nicht mehr bekannten Inhalten erst gar nicht mehr zu fragen und eine bedeutungsleer scheinende Kunst sogleich zur reinen Kunst zu erklären, mißtrauisch gemacht gegen das Ästhetisieren. Umso bezeichnender ist es, sowohl für die modernen Interpretationsverfahren als auch für die Kunst von Çatal Höyük selbst, daß sogleich mit dem Auftauchen frühester Werke der Malerei dieser Deutungskonflikt aktuell wird. In jedem Fall bestätigt sich mit dem Interpretationsstreit die hochentwickelte Kultur von Çatal Höyük, die es notwendig macht, im verstehenden Nachvollzug solche Fragen überhaupt zu stellen. Ohnedies läßt es nur eine ausgreifende Vorstellungskraft und ein fortgeschrittener Umgang mit Kunstformen zu, einen solchen, durchaus doppelbödigen Gedanken zu denken und die Nachahmung einer Form wiederum zur Form werden zu lassen, wie dies in Çatal Höyük mit den Kelimimitationen geschieht. Die Kultur von Çatal Höyük besaß bereits eine gewisse Raffinesse und Verfeinerung.

Unter der Fülle von Formen treffen wir in Çatal Höyük auf gemalte Ornamente, die den gegenständlichen Ursprung ihrer abstrakt erscheinenden Formen noch erkennen lassen. So hat James Mellaart festgestellt, daß das rote Wandmuster einer abstrakten Wabenstruktur im Hause VI B 8 als Rahmenmuster freier Formen nachträglich aufgetragen ist (Abb. 23). Nimmt man das Wabenmuster fort, bleiben Blüten übrig, über denen Schmetterlinge und andere Insekten schweben (Abb. 24). Schon diese dargestellten Naturformen unterlagen der Vereinfachung und Abstraktion, die sich durch die roten Wabenrahmen noch steigerten. So wurden aus Formen, die am Vorbild der Natur gewonnen waren, zunehmend «reine Ornamentmuster».

Unzweifelhaft bedeutungsvoll aber sind die farbigen Handabdrücke in einer Reihe von Heiligtümern (Taf. 9–11, 28). Man fand sie sogar auf Stierköpfen und Bukranien. Hier hat der Mensch eine Spur hinterlassen, ein individuelles Zeichen gesetzt und sich der Gottheit versichert. Es ist Ausdruck und Abdruck eines «Ich», das sich als Person in den großen Zusammenhang allgemeingültiger Kultinhalte eingebunden hat.

Plastik

Zu den besonderen Leistungen der Kultur von Çatal Höyük gehören, wie wir bereits gezeigt haben, die Werke der Plastik. Besonders die Statuetten der sogenannten Muttergottheit heben sich heraus. Daß es sich um Verkörperungen einer Gottheit handelt, wird nicht an allen Figuren unmittelbar deutlich. Eine exemplarische Rolle mag in diesem Zusammenhang die große Thronende (Abb. 11) spielen, die sicherlich keine bedeutungsleere Spielfigur war. Sie gewinnt ihre hieratische Erscheinung nicht nur durch die frontale Position ihres Sitzens, sondern auch durch den von Leoparden gebildeten Thronsitz. Es sind dies Mittel der Monumen-

19 Liebespaar aus Haçilar, Schicht VI, 6000 v. Chr., Länge 11,4 cm, Museum für Anatolische Kultur, Ankara

talisierung trotz der relativen Kleinmaßstäblichkeit der Plastik. Einer solchen appellatorisch beeindruckenden Form müssen wir eine besondere Bedeutung zumessen. Allerdings bleibt fraglich, ob es sich hier um eine Göttin handelt. Es könnte auch eine Herrscherin sein, zumal sich die Darstellung von den abstrahierenden Symbolfiguren der Gebärenden in den Sanktuarien durch ihre große Realistik unterscheidet. Nie zuvor ist die menschliche Gestalt wirklichkeitsnäher wiedergegeben worden, nach heutigen Begriffen geradezu rückhaltlos häßlich. Doch gerade diese Häßlichkeit des schon alternden Körpers mit allen seinen Attributen vollbrachter Mutterschaft war es, die der Form als tiefere Bedeutung abverlangt wurde.

Die «Venus von Willendorf» besitzt in ihrer drastischen Darstellung eine ähnliche, die Stilisierung

20 Çatal Höyük, Wandmalerei aus dem Haus VI A 50, Rekonstruktion von James Mellaart

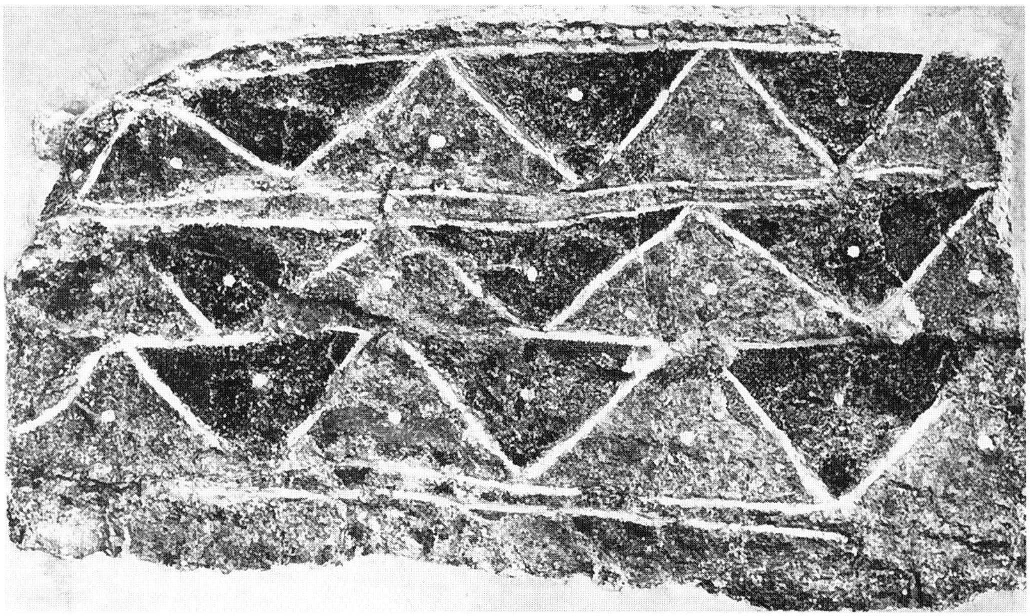

21 Çatal Höyük, Ornamentale Wandmalerei aus dem Haus VII 21, Kelimmuster, vor 6000 v. Chr., Nationalmuseum für Anatolische Kultur, Ankara

22 Çatal Höyük, Wandmalerei aus dem Haus VI B 1, Kelimmuster, Rekonstruktion von James Mellaart

überwindende Direktheit (Abb. 14), wenn sie auch den Realismus der Thronenden (Abb. 11) noch keineswegs erreicht. Doch die «Venus» ist eine ausgeprägte Vollplastik, schon um 32 000 v. Chr. entstanden. Seit Jahrtausenden hat es also den Typus der Muttergottheit als vollplastische Gestalt gegeben, bevor er in Çatal Höyük aufgegriffen wurde.

Unter den vielen Plastikfunden von Çatal Höyük gibt es einige elementar erscheinende Menschendarstellungen, die jedoch keine Darstellungen sind, sondern Ausdeutungen, Forminterpretationen. Es sind Fundmaterialien, Geröllsteine, Kalkablagerungen, Stalaktitenstücke und anderes, die als Anspielungen auf die menschliche Gestalt gedeutet wurden und durch einige gestalterische Eingriffe erst Deutlichkeit gewonnen haben. So etwa wurde aus einem dreieckigen Geröllstein (Abb. 26) eine füllig hingelehnte Gestalt: Ein paar Ritzungen genügten, um Augen und Mund hinzuzugeben und das tote Stück Stein anthropomorph zu verlebendigen.

Ein anderes Beispiel bietet ein Stück Kalkablagerung (Abb. 25), das mit seinen organisch erscheinenden Wucherungen an eine menschliche Gestalt erinnert haben mag. Geringe Eingriffe verwandelten den oberen Teil des Steins in einen menschlichen Kopf. Im Gegensatz zur Thronenden sind dies Primitivformen der Skulptur. An ihrem Beispiel wird andererseits bewußt, welch hohen ästhetischen Rang viele der Frauenstatuetten besitzen. Zugleich läßt sich am Beispiel dieser Fundstücke der Begriff und die Ästhetik der Plastik klären. Sie scheinen «erste» Plastiken zu sein, Beispiele für den Ursprung der gesamten Gattung aus der Naturform. Würden nicht beide Arten von Skulptur nebeneinander vorkommen und in einem Haus gemeinsam gefunden worden sein, so könnte man sie sich am Anfang einer Entstehungsgeschichte der Plastik denken. Aber die frühen Funde der altsteinzeitlichen «Venusfiguren» belegen, daß es Skulpturen bereits seit Jahrtausenden gab. Doch blieb die idealtypische Urform der Plastik parat. Sie stand quasi griffbereit zur Verfügung und konnte der Natur als Interpretat entnommen werden, so wie wir heute noch gefundene Aststücke und Steine in anthropomorphe Figuren umdeuten. Freilich wird man auf diesem Weg eine authentische und allgemeingültige Genese der Skulptur nicht rekonstruieren können.

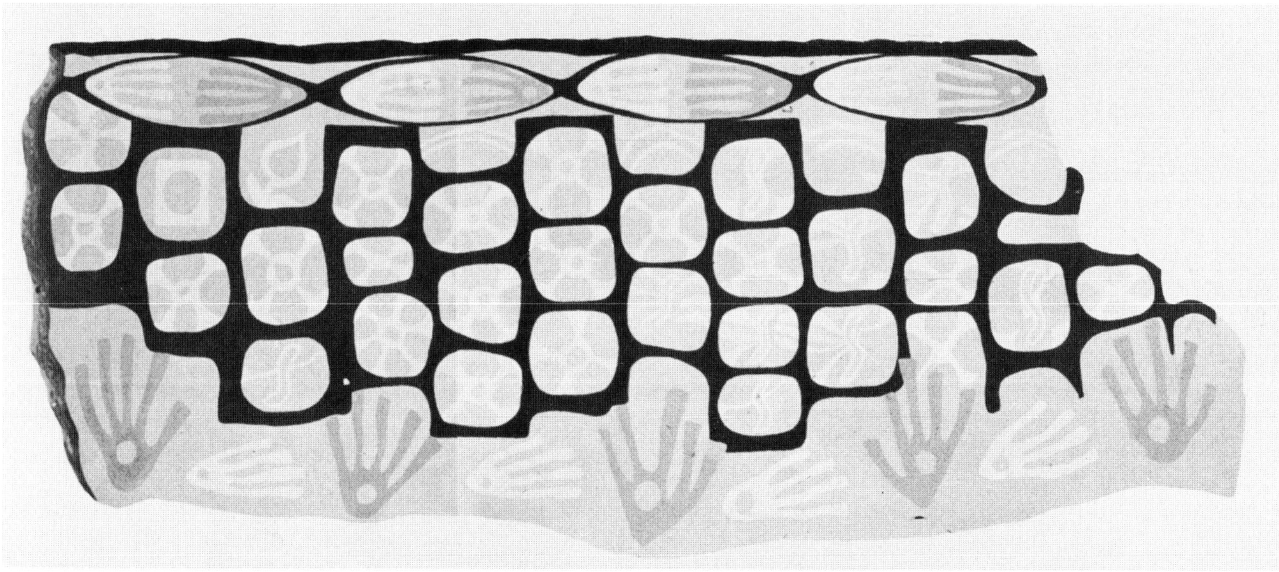

23 Çatal Höyük, Wandmalerei aus dem Haus VI B 8, Blütenmuster mit Wabenergänzung, Rekonstruktion von James Mellaart

Wenn es auch nicht gelingen kann, die Entstehungsgeschichte der Skulptur an den Funden von Çatal Höyük nachzuvollziehen, so sollten doch die besonderen Leistungen gewürdigt werden, wie sie uns in den Statuetten der Muttergottheit entgegentreten.

Neben diesen Statuetten der Muttergottheit sind es vor allem die Gruppen, die in Çatal Höyük unsere Aufmerksamkeit auf sich ziehen. Die bisher bekannten Plastiken aus vorgeschichtlicher Zeit sind Einzelfiguren, darunter auch Jagdtiere. Eine plastische Gruppenbildung hingegen setzt voraus, daß in Begriffen des Zusammenwirkens, also des Miteinander, der Gemeinschaft, der Sozietät gedacht wurde. Das war neu in der Kunst, jedenfalls nicht mit gleicher Entschiedenheit ausgedrückt worden wie in Çatal Höyük, wo interessanterweise Mensch-Tier-Gruppen häufiger vorkommen. Im Leopardenheiligtum fand James Mellaart die Gruppe eines bärtigen Reiters (?) auf einem Stier (?) (Abb. 27, 28). Es gibt die Gruppe eines Knaben (?), der auf einem gefleckten Leoparden sitzt (vgl. auch Taf. 29). In einer anderen Kultstätte fand sich die Tonstatuette einer Göttin, die zwei Leopardenjunge auf den Knien hält, wie ja letztlich die große Thronende mit den beiden Leoparden als Armlehnen auch eine Mensch-Tier-Gruppe ist (Abb. 11). Die Verbindung von stehenden Figuren und Leoparden gibt es mehrfach.

Wie eine Schlüsselfigur für die Gruppenbildung mutet eine Plastik an, die sich aus einer Einheit heraus zu einem Doppelmenschen entwickelt, siamesischen Zwillingen gleich (Abb. 29). Die Bedeutung der kleinen Marmorstatuette läßt sich nicht erschließen, wenn auch die Plastik selbst deutliche Hinweise gibt, daß es sich um zwei Frauengestalten handelt, die aus einem umgürteten Behältnis, einem beinlosen Unterkörper, her-

24 Çatal Höyük, Wandmalerei aus dem Haus VI B 8, Insekten und Blumen, Rekonstruktion von James Mellaart

auswachsen. Sie haben zwei Köpfe und je zwei Brüste, jedoch nur zwei Arme. James Mellaart hat auf vergleichbare Gruppen in Haçilar I und Kültepe hingewiesen (um 7000 v. Chr.). Demnach handelt es sich um einen geprägten Figurentypus, Mutter und Mädchen, die «Große Göttin», die Mellaart bis zur Doppelgestalt der Demeter und Kore in der griechischen Mythologie weiterverfolgt. Daß mythische Gestalten sich auf langen Zeitstrecken durch verschiedene Kulturen hindurch erhalten, hat bereits vielfältige Bestätigung, besonders in frühen Kulturen, gefunden. Dies mag auch hier der Fall sein.

Im Vergleich zu dieser Plastik bleibt die vielleicht schönste Gruppenfigur, die in Çatal Höyük gefunden wurde, ohne größere Deutungsschwierigkeiten (Abb. 30). Es handelt sich um das Fragment eines Hochreliefs, das aus zwei aneinander anschließenden – zum Teil beschädigten – Gruppen besteht. Auf der linken Seite sind es zwei sich Umarmende, eine Darstellung der Liebe. Rechts, als Folge daraus, ist wohl die Mutterschaft dargestellt: Eine Frau hält einen kleinen Körper an ihrer Brust. Auch hier stellt sich die Frage, welche Bedeutung hinter dieser Darstellung steht. Wie bei anderen Figuren wird es sich um Gottheiten handeln, hier also um die Hochzeit eines Götterpaares und daraus hervorgehend die Feier der Geburt in der Gestalt der Muttergottheit. Die Annahme, daß die Grundlage der Religion dieser Kultur die Verbindung von weib-

25 Çatal Höyük, Ikonische Figur aus einer Kalkablagerung, Haus VI A 10, um 6000 v. Chr., Museum für Anatolische Kultur, Ankara

lichem und männlichem Prinzip war, bestätigt sich noch einmal. Hier ist es die unmittelbare Darstellung der Liebe und der Mutterschaft, ohne daß eine abstrahierende Symbolisierung dazwischentritt. Das verleiht den künstlerischen Äußerungen dieser Kultur in ihren unterschiedlichen Formen einen so hohen Grad an Direktheit und Präsenz.

Handwerk

Was uns die zivilisatorische Qualität von Çatal Höyük besonders nahebringt, sind die Gegenstände des täglichen Gebrauchs, ist der Alltag und das allzu Menschliche. Erst an den Nützlichkeiten und schönen Nebensachen, an den Dingen der Begehrlichkeit, der Kosmetik und des Luxus erweist sich der Reichtum dieser Kultur und die Differenziertheit ihrer städtischen Bedürfnisse. Sie hat nicht ihresgleichen. Es sind die Ketten und Armreife, die knöchernen Gürtelösen und fein polierten Gürtelhaken (Abb. 31); es sind eine zweizinkige Gabel, Löffelchen und Knochenspatel, ja sogar eine Muschelpalette mit Farben und einem Schminkstäbchen (Taf. 32 b), vielfältige Arten von Perlen und hochpolierten Kugeln, ein ornamentierter Halsreif aus Eberhauern (Taf. 32 a) und vor allem die vielfältigen Formen früher Keramik, fein geschliffener steinerner Gefäße, die ein außergewöhnlich hohes Niveau des Handwerks und damit auch einen außergewöhnlich hohen Zivilisationsstandard bestätigen. Die Teppichweberei, wie sie die Ornamentik der Malerei überliefert hat, und die Weberei überhaupt – Mellaart fand viele vom Brand verkohlte und damit erhalten gebliebene textile Gewebe (Abb. 32) – müssen zur Vielfalt handwerklicher Produkte von Çatal Höyük hinzugerechnet werden. Auch die Schnitztechnik, der sich eine Fülle von durchgeformten Holzgefäßen verdankt, ist in diesem Zusammenhang zu erwähnen.

Es gibt besonders aussagekräftige Einzelstücke, die ein Schlaglicht auf den hohen Anspruch dieser Zivilisation werfen. So fand Mellaart bei bestatteten Frauenskeletten oval geschnittene Obsidiansteine, die mit ihrer hochpolierten Fläche einen grünschwarzen Spiegel abgaben, dessen Qualität der eines heutigen Spiegels nur geringfügig nachstand. Das vulkanische Mineral besitzt eine besondere Härte, die es als Ausgangsmaterial für die Produktion von Schneidewerkzeugen und Pfeilspitzen besonders begehrt und zu einem ausgewiesenen anatolischen Handelsartikel machte. Aber für polierte Spiegelflächen war Obsidian unübertroffen. Allerdings muß dieser Polierprozeß äußerst mühselig und sehr zeitaufwendig gewesen sein.

Unter den auserlesenen Feuersteinklingen, die sich durch eine sehr feine Schneide auszeichnen, findet sich ein Dolch, dessen Griff aus einem Knochenstück geschnitzt wurde und der sich aus zwei kreisförmigen Windungen heraus zu einem stilisierten Schlangenkörper entwickelt (Abb. 33). Den breiten Kopf der Natter bilden die Enden der Windungen. Zwei unterschiedliche Materialien, durch verschiedenartige Qualitäten charakterisiert und durch höchste Handwerkskunst gestaltet, wurden miteinander zu einem Gegenstand verbunden, der lapidare Materialeinheit bewußt vermied. Dieses Gebilde einer verfeinerten Kultur war nicht zum Alltagsgebrauch bestimmt, sondern diente Zeremonialzwecken.

In Çatal Höyük ist alles zusammengekommen, was eine entwickelte städtische Zivilisation ausmacht: eine durchdachte, konstruktiv originelle Architektur, verbunden mit städtischer Planung und Organisation, eine außergewöhnlich reiche, einzigartige Raumausstattung mit Zyklen von Wandmalerei und Wandreliefs, eine phantasievolle, vielfältige Themen einbeziehende, zum Teil realistisch zupackende Plastik im Dienste des Kults sowie ein Handwerk, das sich wie kein anderes dieser Zeit differenziert hatte und für vielerlei Gebräuche und Bedürfnisse eine staunenswerte Fülle von Gegenständen produzierte, die vom profansten Alltagszweck bis zu außergewöhnlichen Luxusbedürfnissen, vor allem aber im Dienst religiöser Rituale alle Forderungen erfüllten. Die Kultur von Çatal Höyük war verfeinert und in manchen Aspekten auch mit Raffinesse und Erlesenheit gepaart. An ihr wirkte ein zweifellos spezialisierter Handwerkerstand mit, dessen Können und Darstellungskraft zur Kunst erblühte und einen unvergleichlichen Bilderreichtum in allen Kunstgattungen hervorbrachte.

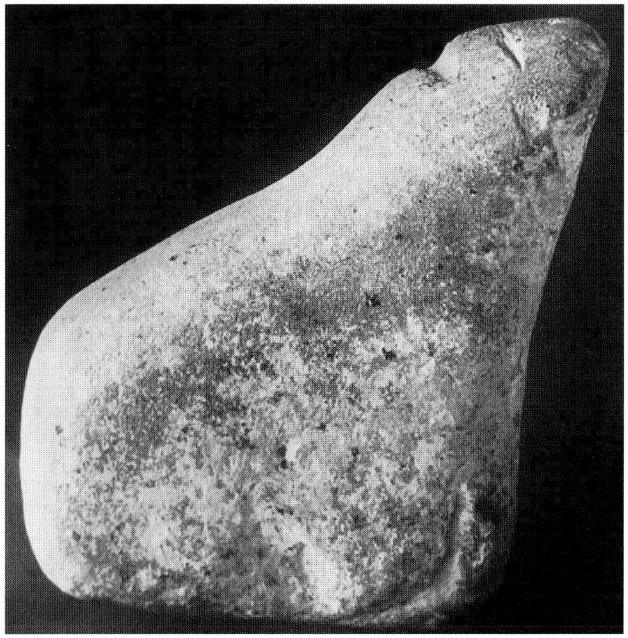

26 Çatal Höyük, Figur aus Geröllstein, Haus VI A 10, um 6000 v. Chr., Museum für Anatolische Kultur, Ankara

Die soziale Struktur dieser Stadt zeichnet sich dadurch aus, daß sie der Geltung der Frau eine besondere Bedeutung zumißt, und ihre Religion beruht auf Grundtatsachen des Lebens, auf Zeugung und Geburt.

Die Ausdehnung und Größe dieser Stadt machte sie – nach unseren bisherigen Kenntnissen zu urteilen – zu einer Ausnahmeerscheinung im Kreis der frühen neolithischen Ansiedlungen. Ein wohl leicht übertreibender Vergleich sei abschließend gestattet: Çatal Höyük war das Paris der Steinzeit.

27 Çatal Höyük, Männliche Figur auf einem Tier, Haus VI A 44, um 6000 v. Chr., Höhe 10,5 cm, Breite 9,2 cm, Museum für Anatolische Kultur, Ankara

28 Çatal Höyük, Männliche Figur auf einem Tier, Haus VI A 44, um 6000 v. Chr., (wie Abb. 27), Museum für Anatolische Kultur, Ankara, Videoabwicklung von Burkhard Detzler und Martin Emele

29 Çatal Höyük, Zwillingsfigur, Marmorstatuette, Haus VI A 10, um 6000 v. Chr., Höhe 17,2 cm, Breite 9,7 cm, Museum für Anatolische Kultur, Ankara

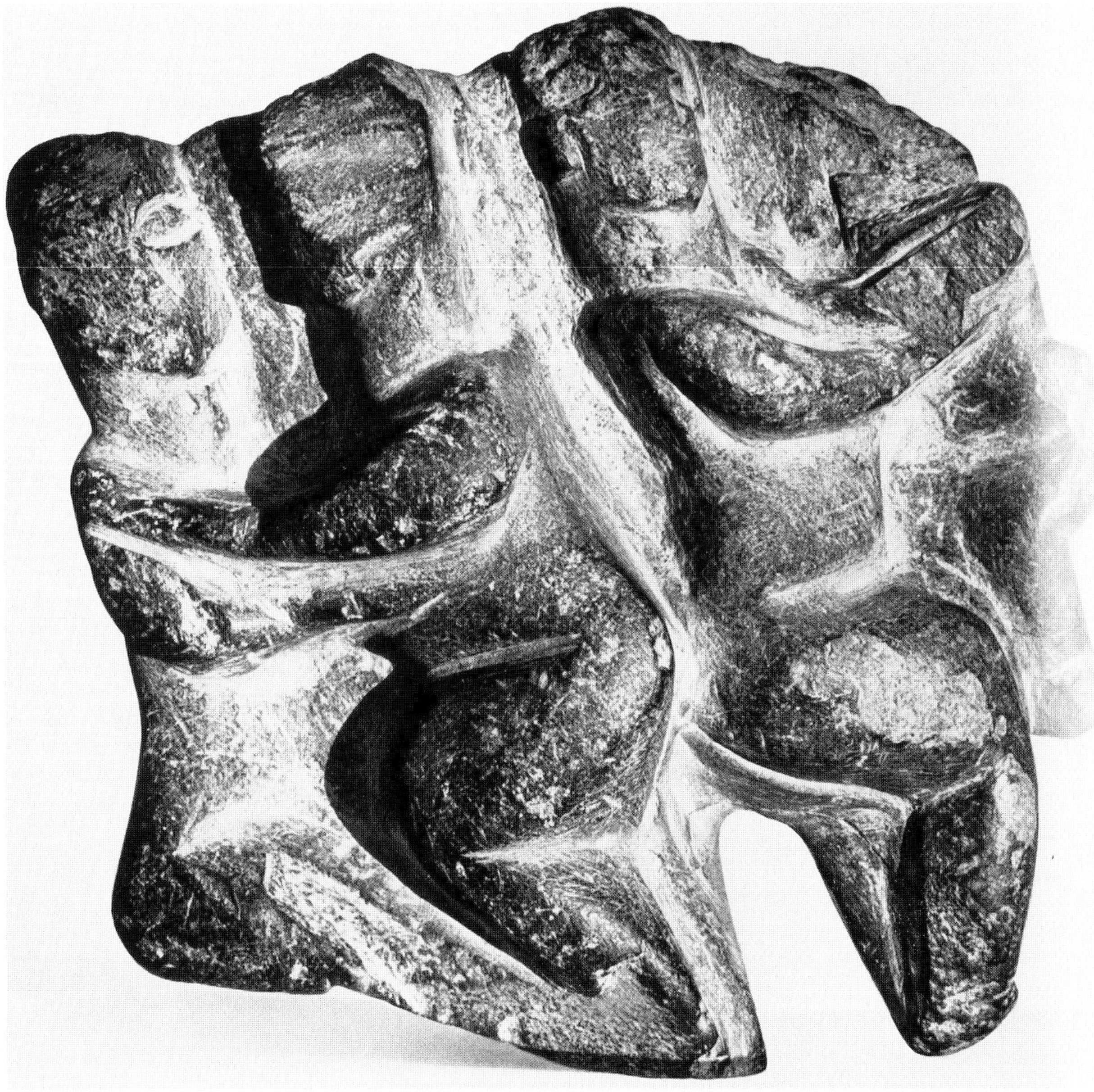

30 Çatal Höyük, Sich umarmendes Paar, Mutter und Kind, Schieferrelief, Haus VI A 30, um 6 000 v. Chr., Höhe 11,9 cm, Breite 12,2 cm, Museum für Anatolische Kultur, Ankara

31 Çatal Höyük, Gürtelhaken und Gürtelösen
aus einem Männergrab, Haus VI A B 20, um 6000 v. Chr.,
Museum für Anatolische Kultur, Ankara

32 Çatal Höyük, Verkohlter Weberest aus einer Bestattung,
Haus VI 1, um 6000 vor Chr.,
Museum für Anatolische Kultur, Ankara

33 Çatal Höyük, Zeremonialdolch aus Feuerstein mit Knochengriff, aus einem Männergrab, Kultstätte VI A 29, um 6000 v. Chr.,
Museum für Anatolische Kultur

Nachwort

Çatal Höyük ist nicht einfach eine von vielen archäologischen Ausgrabungen, sondern ein beispielhafter Fall für früheste städtische Kultur; beispielhaft deshalb, weil an diesem Ort bereits alle grundlegenden zivilisatorischen Äußerungsformen auf einem hohen Niveau versammelt sind.

Wir haben versucht, dieser Rolle der Stadt durch eine Reihe von Rekonstruktionsansichten nahezukommen und dazu die Methode der Computeranimation benutzt. Einige stillgestellte Ausdrucke dieser bewegten Bilder möchten wir im Rahmen dieser Publikation ausführlicher zugänglich machen. Die holländische Künstlerin Monique Mulder und der Autor verfolgten in diesen Bildern das Ziel, nicht nur die harten Umrißlinien der nackten Grabungstatsachen wiederzugeben, sondern den Räumen eine atmosphärische Stimmung zu verleihen, zumindest überhaupt eine Atmosphäre entstehen zu lassen. Damit und auch durch eine gewisse Dramatisierung einiger Ansichten der in Bewegung zu denkenden Bilderfolge unterscheiden sich unsere Rekonstruktionen von anderen.

Der ideale Fall einer archäologischen Rekonstruktion wäre ihre Übertragung in das Medium der Virtual Reality; der heutige Betrachter würde damit zu einem Besucher dieser Stadt und könnte sich durch die Räume des Neolithikums bewegen.

Literatur

U. Bahadir Alkim: Anatolien I. Von den Anfängen bis zum Ende des 2. Jahrtausends v. Chr., München, Genf, Paris 1968

Ausst. Kat. Idole, frühe Götterbilder und Opfergaben, Prähistorische Sammlungen München, München 1985

Herbert Kühn: Vorgeschichte der Menschheit, 2 Bde., Köln 1962, 1963

Kat. Gods and Goddesses, hrsg. von Belma Kulaçoğlu, Ilhan Temizsoy u.a., Museum für Anatolische Kultur, Ankara, Istanbul o. J.

A. Lebrun: Khirokitia. A Guide to the Neolithic Site, o. O., o. J.

James Mellaart: Excavations at Çatal Hüyük. 1st–4th Preliminary Report. In: Anatolian Studies 12–16, 1962 bis 1966

James Mellaart: Çatal Hüyük. Stadt aus der Steinzeit, Bergisch Gladbach 1967

Machteld J. Mellink und Jan Filip: Frühe Stufen der Kunst (= Propyläen Kunstgeschichte, Bd. 13), Berlin 1974

Denis Vialou: Frühzeit des Menschen, München 1992

Fotonachweis

Cambridge, James Mellaart   Abb. 8, 25, 26, 31, 32, 33, Taf. 32 a

Karlsruhe, Dagmar Cee   Taf. 2; Burkhard Detzler   Taf. 29, 32 b

Mainz, E. Böhm   Abb. 11, 12, 15, 17, 19, 21, 29, 30

Nizza, Alain Malaval   Abb. 2, 3

David Rubinger   Abb. 5

Célébonovic   Abb. 14

Taf. 1 Çatal Höyük, Grabungen des Archäologischen Instituts der Universität Cambridge, England, begonnen 1961 bis 1963 durch James Mellaart, fortgesetzt von Ian Hodder ab 1995

Taf. 2 Hochebene von Konya mit dem Grabungshügel von Çatal Höyük, Anatolien, Türkei
Taf. 3 Teilrekonstruktion der Ausgrabung von Çatal Höyük, Schicht VI b, Animation von Burkhard Detzler

Taf. 4, 5a, 5b Teilrekonstruktion der Ausgrabung von Çatal Höyük, Schicht VI b, Animation von Burkhard Detzler

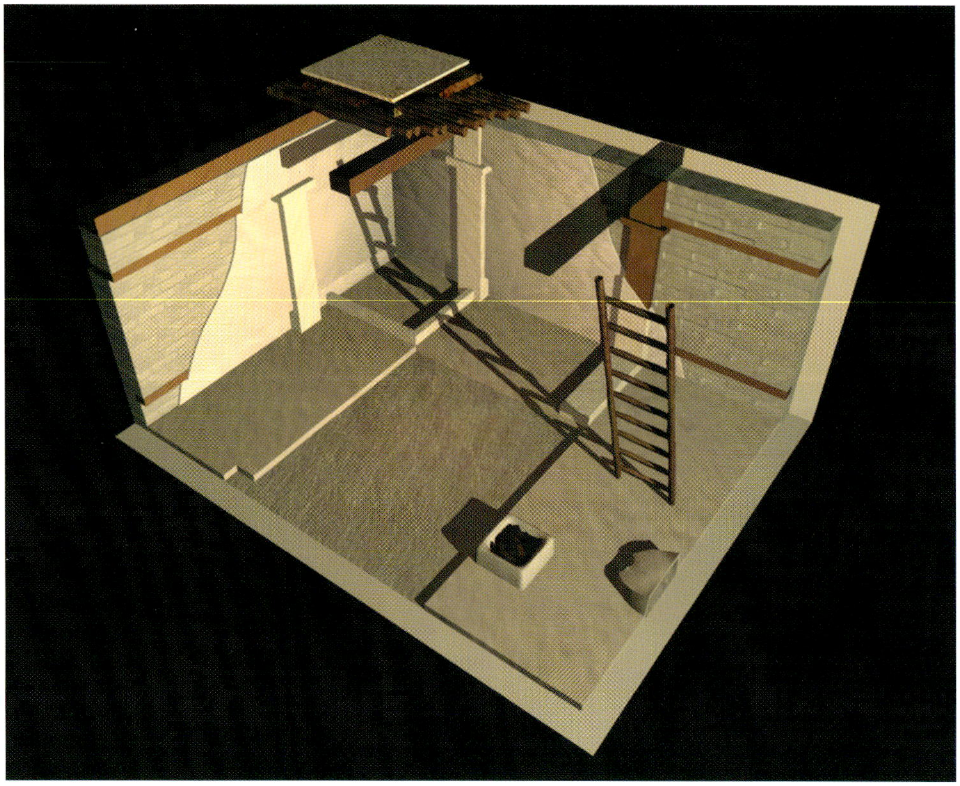

Taf. 6 Çatal Höyük, typischer Hauptraum mit Dachkonstruktion und Einstiegsleiter, Animation von Burkhard Detzler nach einer Rekonstruktion von James Mellaart

Taf. 7a Çatal Höyük, Wandmalerei aus dem Haus VII 14, Grundriß der Stadt mit Silhouette des Vulkans Hasan Dag

Taf. 7b Rekonstruktion der Wandmalerei von James Mellaart

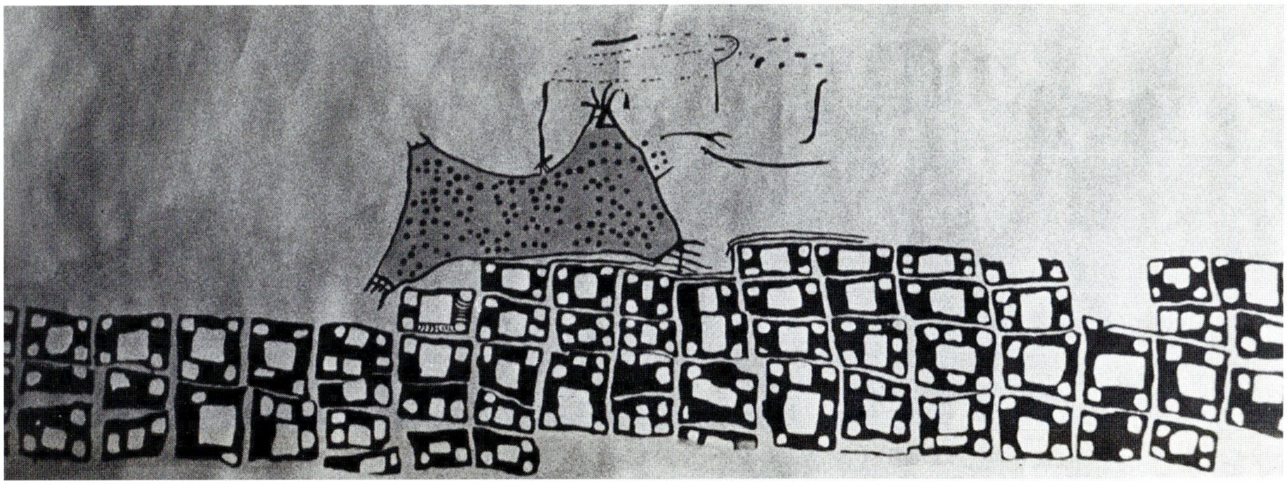

Taf. 8 Çatal Höyük, Haus VI B 10, Kulturstätte mit Muttergottheit und Bukranien, um 6000 v. Chr., Rekonstruktion von James Mellaart, Animation von Jana Wilhelmi und Marit Münsberg, Hochschule für Gestaltung Karlsruhe

Taf. 9 Haus VI B 8, Stierheiligtum, um 6000 v. Chr., Animation von Monique Mulder und Heinrich Klotz

Taf. 10, 11 Haus VI B 8, Stierheiligtum, um 6000 v. Chr., Animation von Monique Mulder und Heinrich Klotz

Taf. 12, 13 Haus VI A 50, Wandmalereien mit Kelimmuster, um 6000 v. Chr., Animation von Monique Mulder und Heinrich Klotz

Taf. 14, 15 Haus VI A 50, Wandmalereien mit Kelimmuster, um 6000 v. Chr., Animation von Monique Mulder und Heinrich Klotz

Taf. 16 Haus VI A 50, Wandmalereien mit Kelimmuster, um 6000 v. Chr., Animation von Monique Mulder und Heinrich Klotz
Taf. 17 Haus VIII 31, Wandmalereien mit Kelimmuster, um 6000 v. Chr., Animation von Monique Mulder und Heinrich Klotz

Taf. 18, 19 Haus VIII 31, Wandmalereien mit Kelimmuster, um 6000 v. Chr., Animation von Monique Mulder und Heinrich Klotz

Taf. 20, 21 Haus VI 14, Kultstätte mit Bukranien, um 6000 v. Chr., Animation von Monique Mulder und Heinrich Klotz

Taf. 22 Haus VI 14, Kultstätte mit Bukranien, um 6000 v. Chr., Animation von Monique Mulder und Heinrich Klotz
Taf. 23 Wandmalereien in Haus VII 8, Geierheiligtum, um 6000 v. Chr., Rekonstruktion von James Mellaart, Anne Louise Stockdale und Grace Huxtable, Animation von Monique Mulder und Heinrich Klotz

Taf. 24, 25 Wandmalereien in Haus VII 8, Geierheiligtum, um 6000 v. Chr., Rekonstruktion von James Mellaart, Anne Louise Stockdale und Grace Huxtable, Animation von Monique Mulder und Heinrich Klotz

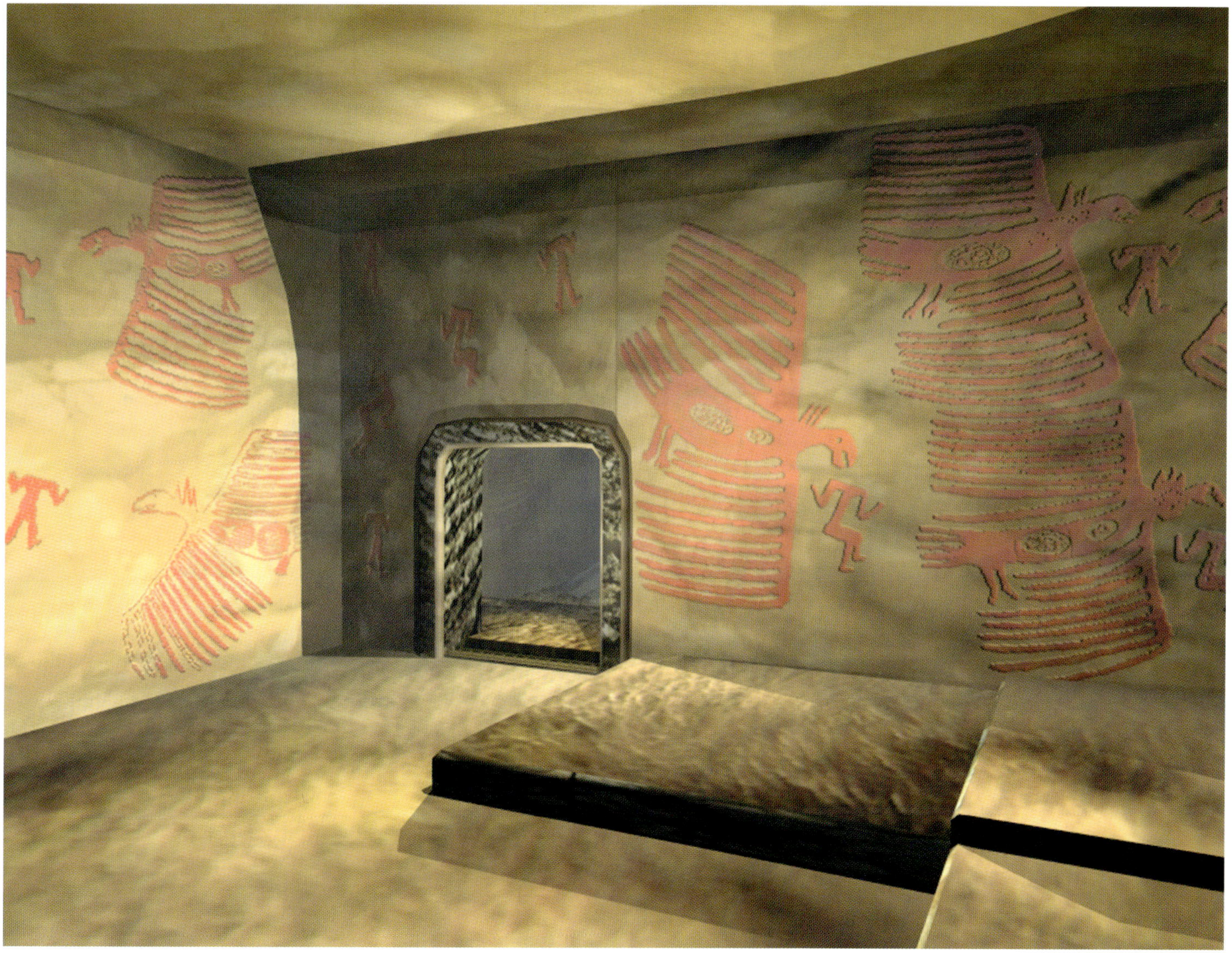

Taf. 26, 27 Wandmalereien in Haus VII 8, Geierheiligtum, um 6000 v. Chr., Rekonstruktion von James Mellaart, Anne Louise Stockdale und Grace Huxtable, Animation von Monique Mulder und Heinrich Klotz

Taf. 28 Haus VI B 44, Leopardenheiligtum, um 6000 v. Chr., Animation von Anke Otto und Daniela Delfs, Hochschule für Gestaltung Karlsruhe

Taf. 29 Çatal Höyük, Sitzender Mann mit Kappe aus Leopardenfell, Marmorstatuette, um 6000 v. Chr., Museum für Anatolische Kultur, Ankara

Taf. 30 Çatal Höyük, Wandmalerei, Pirschjagd um 6000 v. Chr., Bestandsaufnahme von James Mellaart, Computerrekonstruktion Hochschule für Gestaltung Karlsruhe

Taf. 31 Wandmalerei Haus A III 1, Jagdheiligtum, Ritualtanz, um 6000 v. Chr., Bestandsaufnahme von James Mellaart, Computerrekonstruktion Hochschule für Gestaltung Karlsruhe

Taf. 32a Çatal Höyük, Halsband aus Eberhauern, aus einem Frauengrab, Haus VII 12, um 6000 v. Chr., Museum für Anatolische Kultur, Ankara

Taf. 32b Çatal Höyük, Perlmuttmuschel mit Schminkstäbchen, aus einem Frauengrab, um 6000 v. Chr., Museum für Anatolische Kultur, Ankara